◎ 2023 年度浙江省哲学社会科学重点研究基
会科学规划课题)
◎ 数字化物业管理对未来社区治理的影响机
（2023JDKTYB14）
◎ 浙江树人学院专著出版基金资助出版
◎ 浙江省现代服务业研究中心著作出版基金资助(SXFJY202305）

道德型领导

对心理幸福感
与心理所有权的影响研究

以关爱型道德气氛为调节、
组织认同为中介

叶智校◎著

中国财经出版传媒集团

经济科学出版社
Economic Science Press
北京

图书在版编目（CIP）数据

道德型领导对心理幸福感与心理所有权的影响研究：
以关爱型道德气氛为调节、组织认同为中介/叶智校著
. --北京：经济科学出版社，2023.12
ISBN 978 - 7 - 5218 - 5463 - 3

Ⅰ. ①道…　Ⅱ. ①叶…　Ⅲ. ①物业管理企业 - 企业管
理 - 研究　Ⅳ. ①F293.33

中国国家版本馆 CIP 数据核字（2023）第 252716 号

责任编辑：郑诗南
责任校对：靳玉环
责任印制：范　艳

道德型领导对心理幸福感与心理所有权的影响研究

——以关爱型道德气氛为调节、组织认同为中介

DAODEXING LINGDAO DUI XINLI XINGFUGAN

YU XINLI SUOYOUQUAN DE YINGXIANG YANJIU

——YI GUANAIXING DAODE QIFEN WEI TIAOJIE, ZUZHI RENTONG WEI ZHONGJIE

叶智校　著

经济科学出版社出版、发行　新华书店经销

社址：北京市海淀区阜成路甲 28 号　邮编：100142

总编部电话：010 - 88191217　发行部电话：010 - 88191522

网址：www. esp. com. cn

电子邮箱：esp@ esp. com. cn

天猫网店：经济科学出版社旗舰店

网址：http://jjkxcbs. tmall. com

北京季蜂印刷有限公司印装

710 × 1000　16 开　12 印张　161000 字

2023 年 12 月第 1 版　2023 年 12 月第 1 次印刷

ISBN 978 - 7 - 5218 - 5463 - 3　定价：60.00 元

随着物质生活水平的不断提高，人们越来越注重企业使命与工作意义、组织领导风格、员工工作经历的心理感受的一致性，而不仅仅关注薪酬。这也迫使企业和组织不断完善自己的管理模式，以适应新时代的历史特点。此外，随着经济全球化的发展，企业违反商业道德所造成的社会影响和损害越来越严重。因此，越来越多的学者开始关注道德型领导的问题。

本书以物业管理行业企业为研究对象，研究道德型领导对员工心理幸福感和心理所有权的影响。本次调查共发放问卷356份，回收有效问卷310份。研究对象主要是物业管理企业的中层管理干部（项目经理）和具有一定管理职能的管理者和班组长，被试人员主要分布在西北地区、东北地区和华东地区，包括浙江、江西、江苏、河南、青海、新疆、黑龙江等省份。以企业现场考察、访谈和问卷调查为主。采用 AMOS 21.0 和 SPSS 25.0 软件工具，通过结构方程分析（SEM）和多层回归分析方法，实证分析验证了以下假设：第一，道德型领导对员工心理幸福感（包括它的两个维度——良好人际关系和个人成长）有显著正向影响；道德型领导对心理所有权（包括它的两个维度——组织心理所有权和工作心理所有权）有显著正向影响。第二，道德型领导对组织认同有显著正向影响。第三，组织认同对心理幸福感（包括良好人际关系和个人成长）和心理所有权（包括组织心理所有权和工作心理所有权）有显著正向影响。第四，组织认同在道德型领导和心理幸福感（包括良好人际关系和个人成长）之间起中介作用；组织认同在道德型领导和心理所有权（包括组织心理所有权和工作心理所有权）之间起中介作用。第五，关爱型道德气氛在道德型领导和组织认同之间起调节作用。

道德型领导风格的研究契合了将中国传统儒家德治思想运用到企业管理中的理念，具有现实指导意义和时代特征。道德型领导对员工心理幸福感和心理所有权的影响研究，扩大了领导力的研究领域，丰富了有关道德型领导影响机制的理论研究内容。本研究还验证了关爱型道德气氛的调节机制和组织认同的中介机制，为实现员工幸福感和激发员工内在动机提供了新的路径和方法，为社会转型期的劳动密集型中国物业管理企业提升管理绩效、转型人力资本管理提供了一种新的理论模式。

本书系浙江树人学院学术专著系列之一，由浙江树人学院专著出版基金资助出版。本书也被列为浙江省现代服务业研究中心学术专著系列之一，受浙江省现代服务业研究中心著作出版基金资助。

CONTENTS 目 录

第1章

绪　　论

1.1　研究背景

1.1.1　现实背景

在不同层面的工作关系中，不同时代的人对待组织管理和领导方式有着不同的时代特征，同一时代的人在经历不同时代时也会出现相应的积极或消极的心理反馈。随着我国经济的快速发展，人们的物质生活日益丰富，生活水平不断提高，人们越发关注企业目标、工作环境和组织氛围对其实现个人价值的心理感受和体验，尤其新生代劳动者，不再只关注薪酬问题，而是更重视其组织身份以及由此产生的与企业或组织价值观相一致的情感归属问题，重视其在工作中的心理占有感受和幸福体验，重视企业声誉、工作氛围（领导风格）和个人价值或需求的匹配，这也倒逼企业和组织不断改进管理模式和领导风格以适应新时代的历史特征。经济发展带来物质生活的富足，使人们开始意识到工作只是实现幸福的手段，而非幸福本身。因此，人们不再坚持为了生存而不惜透支健康的那种工作状态。新生代员工（如"90后""00后"）更看重组织的目标与宗旨、工作意义、开放与自由，以及自身兴趣爱好。同时，企业竞争日益激烈的当下，员工的工作压力日益攀升，亚健康、抑郁症、过劳死和自杀等恶性事件频出（黄亮，2014）。员工的幸福感与职场普遍存在的工作压力之间的矛盾，使得苏宁、阿里巴巴等本土企业，开始研究和实施提升员工幸福感的项目来提高企业效益和效率问题，由此可见，未来组织研究员工幸福感（employee well-being，EWB）必将成为未来组织研究的十大趋势之一（孙健敏、李秀凤和林丛丛，2016）。

与此同时，随着经济全球化的不断发展，屡禁不止的企业违反商业道德的行为所造成的社会影响力和破坏力也越来越大，从世界范围看，虚报或夸大收入或赢利，以及行贿、舞弊、财务欺诈等违规操作事件和违反商业道德的丑闻层出不穷，其中不乏如安然、泰科、世通、施乐、三星、丰田、美林等一批国际著名企业集团（王一任，2013）；在国内，也曾出现如地沟油、毒奶粉、瘦肉精、染色馒头、苏丹红、工业明胶胶囊等严重食品卫生安全事件（张四龙，2013），包括发生在 2020 年的"瑞幸咖啡财务欺瞒风波"和"江苏昆山的世硕电子（昆山）有限公司扔证件事件"，这些行为不断突破人们的道德底线。可见，企业及其领导、员工的不道德行为，不仅对社会造成恶劣影响和严重后果，对企业自身发展也会造成极大损害甚至是致命打击，对企业员工的态度和行为也会造成损害，甚至导致员工情感和情绪上的心理道德崩溃。

1.1.2　理论背景

从 19 世纪起，历史学家和哲学家就开始思考领导力的概念和理论，从最初伟人理论（Thomas Carlyle，1841）开始，历经领导特质理论、领导行为理论，再到情境领导理论，其中情境理论认为管理者应根据情境的不同而调整领导方式。在这一理论的引导下，出现了以工作任务为导向的功能领导理论和以员工关系为导向的关系理论，并发展出了不同的领导风格理论，包括交易型领导理论、变革型领导理论、领导—成员交换理论、魅力型领导理论、道德型领导理论等。随着社会进步，人们发现 21 世纪的领导者或管理者必须努力和下属建立互信关系，与下属共享组织愿景，成为团队的一员，培养下属组织归属感，因此，社会认同理论开始发展为热门理论。

随着经济发展和企业转型升级，中国社会和企业越来越重视企业道德问题。道德型领导及其组织氛围对员工心理体验的影响研究是中国社会转型背景下的迫切要求。道德型领导（ethical leadership）是领导者在个人行为中表现的道德涵养，并通过公平决策、道德决策、奖惩手段来促使下属追随其行为的一种领导方式（Brown，2006）。道德型领导既要强调领导者自身的道德垂范，还要突出领导者在治理组织过程中应遵循的道德范式。领导者尤其是最高领导者往往是形成组织领导体制的关键因素，领导者的道德水平直接影响了道德型领导的效果。

组织道德环境是影响员工道德行为的关键因素（Arnaud，2010），组织环境会影响员工的不道德行为（Trevino et al.，2006），组织道德气氛（ethical work climate，EWC）是告诉员工在哪种工作情景下，什么样的行为是正确的，会影响员工的态度和行为（Lopez et al.，2009；Trevino et al.，1998），包括工作满意度、组织承诺、离职倾向、道德和不道德行为等，并得到了众多实证研究的检验（Arnaud & Schminke，2007）。组织道德气氛形成的关键是组织领导者的道德理念和行为，而伦理道德和能力是评价企业组织领导者能否胜任或优秀的两个关键因素。正如彼得·德鲁克（Peter F. Drucker）所言，对于企业领导者而言，最重要的不是领导者所拥有的权力大小，而是领导者对组织使命、价值观所承担的责任。本书中的道德环境主要是指道德型领导以及由此形成的组织道德氛围，有必要从理论上厘清道德气氛和道德领导的关系。

有学者（Bass，1985；Kouzes & Posner，1987）认为：领导自身行为对下属具有示范效应，下属会不自觉地通过观察直接模仿其领导的行为，甚至会通过间接揣摩领悟领导的意图进行模仿学习。根据社会学习理论，下属在直接或观察学习模仿领导的行为时，努力使自己的道德理念和行为符合组织规范和组织道德文化氛围，从而免于惩罚或获得奖励。在整个学习过程中员工会不断地提升或改造自我认知，当个体的价值观和追求的目标与企业使命趋于一致时，员工会对组织产生强烈的认同感，甚至视工作为自己事业的一部分，重新定义自我。

苏涛（2018）发现，心理幸福感对情感承诺、规范承诺有显著正向影响，对组织公民行为有显著的正向影响，对离职倾向有显著的负向影响。当员工感知到组织的道德行为和气氛能为员工营造良好人际关系和有利于个人成长时，会视工作上的每一次成功为实现个人价值的一次喜悦或幸福，从而形成或体验到心理幸福感；当企业价值观和文化与员工价值观和人生目标高度契合时，员工会有强烈的归属感，会视组织是自我领地的一部分，从而形成心理所有权。与此同时，越来越多的研究认为公司的不道德、不检点行为对公司员工的工作态度和行为也会造成很大的伤害，从而产生心理负担，降低员工的心理幸福感；而且不道德行为还会影响员工的价值观和情感观，降低员工的组织认同，从而降低或转移员工的心理所有权。

因此，有必要从理论上厘清道德型领导、组织道德气氛与员工组织认同、心理幸福感、心理所有权的关系，这有助于拓宽领导力理论的研究领域。

1.2 研究目的和研究意义

1.2.1 研究目的和创新点

本书主要研究道德型领导对心理幸福感和心理所有权的影响，包括两个因变量各自的两个维度：良好人际关系和个人成长、组织心理所有权和工作心理所有权，并分析组织认同的中介机制和关爱型道德气氛的调节机制如何影响物业管理企业员工心理幸福感（包括良好人际关系和个人成长，下同）和心理所有权（包括组织心理所有权和工作心理所有权，下同）。通过研究相关变量之间的逻辑关系，构建一个"道德型领导、关爱型道德气氛—组织认同—心理幸福感、心理所有权"理论框架。希望通过这一理论模型，结合中国儒家德治思想，找到一种能够激活员工内在动机，让人们在工作中也能感受到快乐和幸福，从而提高企业管理绩效的新路径和新方法。希望本书的研究能够推动中国物业管理企业内广泛推行道德型领导体制，构建以关爱型道德气氛为主的企业文化，影响员工的组织认同、心理所有权和幸福感，来激活员工的内在工作动机，激励员工工作积极性，为转型期中国企业的人力资本的高绩效管理提供新方案，以适应新时代人力资本结构需要。

（1）道德型领导对员工心理幸福感和心理所有权的影响研究，扩大了领导力研究领域。

从现有文献来看，以员工心理幸福感和心理所有权作为结果变量的研究在中国国内相对较少。对幸福感的研究，大量文献主要集中在主观幸福感上，部分心理幸福感的研究，其对象主要集中在大学生、教师和老年人群体，缺乏对企业员工的研究，因此，本书以中国物业管理企业中的班组长和中层等管理人员为研究对象。对心理所有权的研究，大量文献主要集中在其作为自变量和中介变量上；对道德型领导的研究，有关领导风格中直接影响心理所有权的研究主要有授权型领导、威权领导、领导方式等（李燕萍等，2018；Pierce，2001；储小平，2005；李锐等，2012）。有关领导风格直接影响心理幸福感的研究主要有伦理型领导，魅力型领导，信任、授权和共情等领导行为以及主管—下属关系等（郑晓明和王倩倩，2016；Chughtai，Byrne & Flood，2015；Rowold & Heinitz，2007；Einarsen，Aasl & Skogstad，2007；Gerstner & Day，

1997；Van Vianen，Shen & Chuang，2011；张征，2016）。如杜海媚（2013）实证研究了规则行为导向和关怀行为导向的领导风格与员工工作幸福感和心理所有权均存在显著的相关。可见，领导风格中直接以道德型领导对员工心理幸福感和心理所有权的影响研究是欠缺的，因此有必要从理论上厘清其关系。

物业管理企业属于劳动密集型企业，对员工的管理（包括组织、培训、培养、监督、考核等）成本很高，在企业成本中人力资本所占比重最大，如何提高管理绩效和服务绩效是每个物业企业面临的现实问题。破解这一难题，最好的办法是激发员工工作的内在动机。企业通过构建道德型领导风格以及与之匹配的组织道德气氛，来提升员工的组织认同、心理幸福感和心理所有权，而获得心理幸福感和心理所有权的员工，积极反馈的结果会强化组织认同，从而激发员工工作主动性，提升企业管理绩效和服务绩效。因此，这一研究有助于完善领导力理论。

（2）关爱型道德气氛的调节机制和组织认同的中介机制。

一是关爱型道德气氛在组织层面上的调节机制研究。道德气氛在理论上能出现九种不同类型的气氛，在实证文献中常规出现的有五种类型，主要指关怀导向、自利导向、独立导向、规则导向以及法律和法规等道德气氛（Victor et al.，1988），在以往研究中道德气氛主要作为自变量和因变量出现得比较多，较少作为调节变量使用。道德气氛具有不确定性，会受到个人、组织和环境等各个层面的因素影响，包括民族文化、价值观、风险、领导类型、领导或员工的个体特征、行为模式、道德标准等（Parboteeah et al.，2005；Dickson et al.，2001；Schwepker & Hartline，2005；Forte，2004；Sagnak，2010）。同时，也会对不同层面的个体、团队或组织产生影响，包括工作满意度、组织承诺、道德和不道德行为、服务绩效等（Tsai & Huang，2008；范丽群和石金涛，2006；Grojean et al.，2004；Luria & Yagil，2008）。在实践中，只有工具型、关爱型、规则型道德气氛在实证研究中被验证得最多，而从分析层次或取向看，社会取向的组织道德气氛在实证研究中表现得很不稳定（刘文彬和井润田，2010）。由于道德气氛有比较多的维度，而且容易受各种因素的干扰，研究难度较大，因此，将其作为调节变量的研究也相对较少。

同时，中共中央总书记习近平于 2013 年 1 月 22 日在中国共产党第十八届中央纪律检查委员会第二次全体会议上发表了题为《更加科学有效地防治腐败　坚定不移把反腐倡廉建设引向深入》的重要讲话，提出了要坚持"老虎""苍蝇"一起打，既坚决查处领导干部违纪违法案件，又切实解决发生在群众身边的不正之风和腐败问题。轰轰烈烈的反腐败斗争，极大地改善了整个社会的道德气氛，影响了整个社会和企业的道德规范，也影响了领导者的道德水平。以往研究主要关注领导者的道德水平的影响作用，而本书研究了道德气氛与道德领导的共同作用，是一种新的理论探索和尝试。因此，在组织层面上研究组织道德气氛对组织认同及员工态度和行为的影响也是当前中国企业迫切需要的。本书选取关爱型道德气氛作为组织层面上的调节变量，验证了在关爱型道德气氛和道德型领导的交互作用下对组织认同、心理幸福感（包含良好人际关系和个人成长的两个因子）和心理所有权（包含指向工作和指向组织的心理所有权的两个因子）影响的方向和强度，从而补充和完善了对关爱型道德气氛理论的实证研究结论。

二是组织认同的中介机制研究。社会认同理论是领导理论研究发展至今当前社会比较推崇的一种理论。以社会认同理论为基础发展起来的组织认同理论，是中国当前人力资源管理中最为重视的核心要素之一。对组织认同的影响因素的研究主要集中在组织和个体这两个层面，包括组织声誉、任职年限、个人文化与价值观、个体特征和特质、变革型领导等（Bartel，2001；Schrodt，2002；Mael & Ashforth，1992）。组织认同对组织公民行为、合作意图、低离职意愿、工作满意度等方面的研究较多（Dukerich，2002；Mignonac et al.，2006；Dick，2004），但是直接对心理幸福感和心理所有权的影响的研究很少见。尤其是组织认同作为道德型领导对心理幸福感和心理所有权影响的中介机制研究，在国内文献中未发现有这方面的研究报告，因此有必要从理论上厘清这一中介机制的运行规律。

（3）道德型领导风格的研究对处于社会转型期的中国企业具有指导意义。

在中国社会制度和文化背景下，社会经济发展到不同水平时，都会相应地出现不同时期、不同阶段的主流企业领导风格。中国改革开放后的40多年里，依靠人口红利，经济得以快速发展，以薪酬为主要考量因素的交易型和授权型等领导风格为这一阶段企业的主流领导风格，与此同时，企业偷税漏税、侵犯知识产权、制假售假、行贿欺骗等违反商业道德的行为也屡禁不止，其原因在于社会对企业不道德行为的容忍度较高，且企业为此付出的代价较低。而如今中国经济GDP总量已位居世界第二，中国社会正向创新型国家转变，在全球经济一体化的背景下，中国企业和经济与世界联系更紧密了，一旦企业出现类似乐视网、瑞幸咖啡等上市公司伪造信息的不道德行为，企业及其领导的道德人设会立刻崩塌，将对领导及其企业以及员工造成不可挽回的损失。因此，道德型领导风格是顺应这个时代的产物，符合当前中国经济发展水平和社会转型需要，本书研究的道德型领导风格不仅仅关注领导的态度和行为以及其所形成的道德气氛，更关注领导对员工（新生代劳动力）的积极影响，尤其是员工由此形成的个体对组织的态度和行为以及组织认同。因此，本书对现实中企业领导力的研究具有一定指导意义。

1.2.2 研究意义

（1）理论意义。

一是道德型领导对心理幸福感和心理所有权的影响机制。领导是影响员工态度和行为的重要因素，尤其是领导的道德特质与自身的道德行为能够对员工的态度和行为包括情感等产生重要影响，如道德型领导能有效地减少员工的不当行为、越轨行为和工作场所欺凌行为等。一般认为，员工在社会中的行为与在组织中的行为有不一致性。近年来，学者们也认识到道德型领导对员工行为的影响在本质上可能并不总是线性的，如研究发现道德型领导和下属的亲社会之间行为存在一个曲线关系（Stouten et al.，2010）；李根强（2016）通过研究证实，道德型领导和亲组织非伦理行为（UPB）之间存在倒"U"型（曲线）关系。目前，道德型领导对下属的态度、行为及工作意义等方面的研究较多，被其影响的结果变量有工作投入、员工对领导的满意度、情感承诺、组织承诺、信任、道德和不道德行为、工作意义、工作自主性、建言行为、越轨行为、组织公民行为等（Toor & Ofori，2009；De Hoogh et al.，2008；Khuntia & Suar，2004；Piccolo et al.，2010；王震，2014），但对员工心理幸福感和心理所有权影响的相关研究较少。因此，进行道德型领导对心理幸福感和心理所有权的影响的研究，有助于拓展道德型领导理论的研究领域。

二是关爱型道德气氛的调节机制。班杜拉的"行为、认知、环境"三者的交互决定论认为，道德领导的态度和行为是导致组织道德气氛形成的重要因素。研究发现公仆型领导风格通过外部调节负向预测员工心理健康（Chen et al.，2013）。由此可见，道德型领导对员工态度和行为产生积极影响的同时，也会受到组织道德气氛这一环境的干扰和影响。因此，道德气氛与道德领导的交互作用可能会影响到员工的组织认同，再经组织认同传递到心理幸福感和心理所有权。因此，有必要从理论上厘清关爱型组织道德气氛对道德型领导和组织认同关系的调节效应机制。

三是组织认同的中介机制。根据自我决定理论所形成的"环境—需求—动机—结果"理论模型，其中的"领导风格—工作动机—影响"路径，强调了领导风格能够通过中介机制影响员工的态度和行为。如横断研究发现公仆型领导风格能通过下属自主性工作动机这一中介变量正向预测下属的个人成长、积极关系、环境掌控和自我接纳（Chen et al.，2013）；蒋丽芹等（2018）基于社会学习理论实证研究，证实了组织认同在道德型领导与知识型员工情感承诺之间起部分中介作用，因此，在这些道德型领导对员工心理的影响研究基础上，进一步探究和验证组织认同作为道德型领导对心理幸福感和心理所有权影响的中介机制研究也是很有必要的。

本书的理论意义在于厘清道德型领导对心理幸福感和心理所有权影响的过程中，组织认同的中介机制以及关爱型道德气氛对道德型领导和组织认同关系的调节机制。

（2）实践意义。

一是让企业重视商业道德行为和企业道德文化。违反商业道德行为，不仅对社会造成不良影响，对企业及其员工心理也会造成不良后果，选择和构建一种可以有效防范和抵制不道德行为的领导体制对中国的物业管理企业而言是非常迫切和必要的。当前中国社会的主要矛盾是人民日益增长的美好生活需要和不平衡不充分的发展之间的矛盾，要获得美好生活，就需要实实在在的获得感和幸福感，而幸福感不仅体现在家庭生活上，也可以体现在工作上，能够让人们在工作中体验到幸福感，既是员工个体的需要，也是社会和企业的责任。可以让员工获得幸福感的企业，才能让员工把企业当"家"，形成心理所有权，才能让员工把工作当"事业"，将个人成长和价值实现与企业目标建立起一致性。同时，"德治"是中国儒家文化的精髓，构建"以德治人、以德为先"的企业文化，这不仅与社会规范相一致，也符合中国人思维模式中的领导理念和道德规范。

从道德型领导的特征中我们可以认识到，道德型领导不仅自身是道德榜样，还具备重视和关心下属成长意愿并与下属积极互动的特征，这有助于员工的个人成长，从而建立良好的人际关系，实现个人潜能或自我价值。良好的组织道德气氛，有助于员工在工作中体验到心理幸福感，而员工对组织的积极反馈则有可能转化为越来越强烈的组织认同，从而激发员工内在工作动机，对组织氛围产生出更多积极的影响效果，包括组织承诺、工作满意度、工作绩效、领导效能等。

二是激发员工内在动机。根据马斯洛需求层次理论，随着中国经济的快速发展，企业员工包括新生代农民工越来越重视工作环境、发展机会、公平感、权益维护等方面的内容，薪酬待遇不再是最重要的影响因素（张智华，2016）。企业价值理念、工作环境与个体价值观、实现个人潜能等是否匹配，也是非常重要的考量因素。因此，探索如何激发员工内在动机，成为企业人力资本管理需要思考的核心要素。比如提升员工在一定领域内的自主权和参与权，促进员工对组织的忠诚度和责任心，增强员工的组织认同感，提升员工的空间领地意识，提升员工对工作或组织的占有感和控制感等，都可以激发员工工作的内在动机，是提高企业管理绩效的有效办法，有助于企业骨干队伍的稳定，从而减少在计划、组织、指挥、协调、控制等管理活动中各环节上的成本支出。

三是为企业人力资本管理提供新方案。西奥多·威廉·舒尔茨（Theo-dore W. Schultz，1960）的人力资本理论指出，人力资源是经济学的核心问题，是一切资源中最主要的资源。中国社会正处于向创新型社会转型的过程中，人才争夺战已经在全国各地展开，人才已成为最重要的企业资源。本书尝试用道德型领导来激发员工内在动机和组织公民行为的理论模型来构建企业人力资本管理的一种新模式，它将有助于提升组织绩效和企业创新，为人力资源管理向人力资本管理提供新的路径或方法。从经济学的角度看，管理的各个环节都会产生成本，如果说把合适的人放到合适的岗位上，是人力资源管理的事，那么，用最少的人力资本投入产出最大的效益，则是人力资本管理的事。

有鉴于此，本书以中国物业管理企业中层管理干部和管理人员为样本，探索道德型领导对员工心理幸福感和心理所有权的影响，以及组织认同的中介效应和关爱型道德气氛的调节效应，为企业人力资本管理提供新思路和新方法。

1.3 研究内容、方法和技术线路

1.3.1 研究内容（含结构安排）

第1章，绪论。该部分主要提出了研究的现实背景和理论背景，研究目的和创新点、研究的理论意义和实践意义，研究内容、方法和线路。对本书整体的研究内容和相关安排进行了初步的描述。

第2章，文献综述。本书在该部分对社会学习理论、自我决定理论、社会认同理论、占有心理学理论等基础理论和有关道德型领导、关爱型道德气氛、组织认同、社会认同、心理幸福感、心理所有权等相关变量的定义、维度、影响因素和影响效果，进行了比较全面的梳理和回顾，并初步提出了本书所采纳的一些定义和工具。

第3章，理论模型与研究假设。在文献综述的基础上，依据相关理论和前人研究成果推导出各变量间存在的关系逻辑并提出假设。构建以道德型领导为自变量、组织认同为中介变量、心理幸福感和心理所有权为因变量、关爱型道德气氛为调节变量的理论模型。

第4章，研究设计与数据分析。本章对各变量进行操作性定义和测量，通过问卷设计、问卷发放收集、样本测试，分析完善问卷量表。运用 AMOS 21 数据分析软件对数据进行结构方程模型（SEM）的路径分析和验证性因子分析（CFA）；运用 SPSS 25 等数据分析软件，对数据进行信效度分析、描述性统计分析、相关分析、回归分析等。

第5章，结论与展望。本章根据实证结果，提出了研究结论，包括对企业管理的启示，并对研究的局限性与未来的研究方向进行了讨论。

1.3.2　研究方法

（1）跨学科研究方法。

跨学科研究的优势是打破以往分门别类的研究方式，实现对问题的多学科整合性研究。领导力属于管理学范畴，也是集合物业管理学、组织行为学和领导学于一体的综合性学科。本书的道德型领导涉及组织行为学、管理学和心理学领域，组织认同属于组织行为学和社会心理学领域，心理幸福感和心理所有权属于心理学领域，实际上要把任何一个变量完全区分学科领域归属是很难的，在本书研究中还涉及社会学和政治经济学的相关学科领域与理论，因此，只有采用跨学科的研究方法，才有利于知识的整合利用。

（2）文献研究法。

文献研究法是搜集、整理、分析现有的研究成果，并通过对成果的研究形成对相关变量基本认知的方法。本书通过收集和整理了大量有关交易型、变革型、授权型、道德型、真实型、辱虐型、领导—成员交换（LMX）等领导风格的文献，比较了国内外学者对上述领导风格的研究成果和启示，结合中国国内当前经济形势和热点，预测中国未来与社会转型相匹配的主流管理风格，选定道德型领导作为领导力研究的主要方向。同时，搜集了有关社会学习理论、自我决定理论、社会认同理论、心理所有权、心理幸福感、道德气氛、组织认同等国内外经典学术论文和最新研究报告，进行了深度阅读与梳理、回顾总结和对比，寻找创新点，构建研究框架和模型。

（3）定量分析法和定性分析法。

定量分析法是运用统计工具对社会现象的数量特征、数量关系和数量变化进行分析，依据实证研究数据，构建分析模型，并计算出受测对象的各项指标数值的分析方法。定性分析是定量分析的前提，通过定量分析可以证明定性分析的正确性，提高定性分析的说服力。此二者是统一的相互补充的关系。

本书根据研究目的和有关理论进行定性分析，初步构建模型及变量指标，通过文献研究法整理和挑选出与研究目标相一致的有关道德型领导、关爱型道德气氛、组织认同、心理幸福感、心理所有权等测量量表的维度和题项，并走访企业，开展半结构化访谈，及时调整量表因子及题项，最终确定与定性相一致的可以用于测量的量表。利用问卷调查获得的一手数据，运用分析软件对关键要素进行识别、分析，通过实证研究方法，验证定性分析的正确性。

1.3.3　研究线路

根据上述研究内容和研究方法，总结出如图 1 - 1 所示的研究线路。

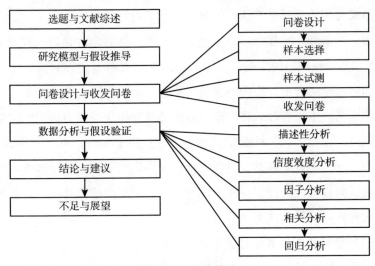

图 1 - 1　研究线路

第 2 章

文 献 综 述

2.1 基 础 理 论

2.1.1 社会学习理论

20 世纪前期涌现出了一批心理学家，如弗洛伊德（Freud）、维果斯基（Vygotsky）、华生（Watson）等，他们分别形成了以精神分析理论、社会文化理论、行为主义理论（behavioral learning theory，BLT）等为代表的理论体系和理论学派。20 世纪中叶，形成了社会学习理论（social learning theory，SLT）。该理论由美国心理学家阿尔伯特·班杜拉（Albert Bandura）提出，解释了个体如何通过社会学习来形成自我个性的问题。该理论突破了传统行为主义理论的框架，结合认知学习理论和行为学习理论，将"人"的因素（如人的思维和认知）与行为主义相结合，提高了行为主义心理学的理论高度。认知学习理论侧重于强调学习是受人的心理因素影响，而行为学习理论侧重于强调学习是环境刺激对个体产生的反应。行为主义理论（BLT）强调了个体对环境刺激的反应，对实证研究人类个体行为起到了重要的指导作用。

社会学习理论的主要内容如下：

（1）交互决定论。

早期社会学习理论是用动物行为模式去推理人类行为模式的，把动物的低级行为模式运用到具有复杂思维和行为的人类身上显然是不合适的。人类的行为必须以自然的社会情境为基础。从社会学习的角度，班杜拉提出了互动决定论，他认为在社会学习的过程中的"行为、认知和环境"是相互联系、相互决定的。行为和环境条件包括人的认知因素如观念、信仰、自我知觉等都是彼此交互决定的因素（王一任，2013）。在某种程度上，认知因素决定着人们如何观察、看待和理解外部事件及其影响作用等。在基于认知的动机中，行为诱因来源于社会运行中的各种认知活动，一个成员的行为会影响其他成员的行为，并不断传递这种影响，从而共同构成社会环境。

（2）观察学习模型。

班杜拉的观察学习模型包括注意过程、保持过程、运动再现过程以及动机过程四个部分。所谓注意过程是指个体会选择什么进行观察，哪些行为会吸引他，使他留意，如示范刺激物；保持过程是指个体运用大脑将示范行为进行编码、存储和提取使用的过程；运动再现过程是指将存储在大脑中的编码转换为相对应的行为，一旦示范的模式在时间及空间上保持一致时，示范行为就可以再现；动机过程是指多次重复显示我们所期望的示范行为，并不断引导其他学习者模仿和再现示范行为，对模仿和示范行为的成功者给予奖励，对失败者给予纠正并指导。由此，该示范行为可以在许多人身上引起匹配反应。可见，这四个过程是相互关联且非独立的一系列相互影响的过程。

（3）学习。

社会学习理论认为，人的学习可以分为直接学习和观察学习。人们不仅通过个人经历来学习，也通过观察或倾听别人发生的事情来学习。

学习是指人的行为发生相对持久的行为改变，它表明了学习的发生。直接学习是指个体对刺激采取反应并强化，即直接学习的过程要通过"刺激—反应—强化"循环往复的过程，既漫长又不易。观察学习是指个体通过观察日常生活工作的榜样及其示范行为的象征性表象，使观察者也能做出相应的示范行为。事实上，观察学习就是人类的主要学习方式。因此，社会学习理论特别重视榜样的作用。

（4）榜样。

班杜拉的社会学习理论非常强调榜样的示范作用，人们根据个体认知水平，关注和观察榜样及其行为，尽可能地让学习者个人的信仰、人生观、价值观等与榜样保持一致。在社会学习中，榜样是学习标杆，是先进代表，是引人关注、受人尊敬、令人羡慕的学习和模仿的对象。因此，榜样在学习过程中起到非常重要的作用。

（5）领导。

领导往往处于工作的核心地位，是下属观察和模仿的主要的天然对象。研究发现下属模仿领导行为时，不仅会通过直接观察模仿，还会通过间接揣摩、感受和领悟领导意图来学习模仿。领导者是建模的重要且可靠的来源，因为他们的角色、在组织中的地位和成功，以及他们对他人行为和结果的影响力，在"声望等级"中具有很高的地位，并且掌握着控制奖励的能力，有助于实现领导的有效性（Bandura，1986）。

（6）建模。

有效的角色建模需要注意关注模型和被建模的行为（Wood & Bandura，1989）。模型吸引力是引导观察者关注模型的重要手段。领导者作为道德榜样变得具有吸引力、可信度和合法性，部分是因为通过参与持续行为，这些行为被追随者评估为规范性适当，并且表明是利他（而不是自私的）动机。这些行为包括诚实、为他人考虑以及公平对待员工（包括尊重和声音）。建模行为是人们将技能转移到自身的一种手段（Decker，1986）。人们对长辈、老师、领导的行为进行建模，并使人们的行为方式也做出相应的改变。如果要将领导者视为能够影响员工道德行为的道德领导者，那么他们必须是合法且可信的道德榜样。社会学习理论认为通过明确的沟通，可以提升员工对道德标准的重视，恰当的奖励和惩罚，有助于产生按照组织道德要求的规范行为。组织中的人们非常关注受到奖励和惩罚的行为（Arvey & Jones，1985；Kanfer，1990）。道德领导者通过奖励适当的行为和纠正不当行为（Gini，1998；Treviño et al.，2003），以一种被认为是公平的方式来形成社会学习模式。在组织中，员工模仿领导的道德行为，目的也是期待领导的认同和表扬。道德型领导会用某种道德标准约束自己的行为，来提升个人魅力和可信度，促使员工产生正面的认知，激发员工学习和模仿道德型领导者的行为，表现出爱岗敬业、遵纪守法等符合道德标准的行为。

我们从社会学习的角度概念化道德领导力，道德领导者是道德行为的典范，他们是追随者识别和模仿的目标。要使领导者被视为道德领导者，并且必须将其视为与道德相关的结果，就必须将其视为具有吸引力、可信度和合法性的。他们通过参与被视为规范适当的行为（例如，开放和诚实）以及利他主义的动机（例如，公平和体贴地对待员工）来做到这一点。道德领导者还必须通过明确的道德规范，以及沟通和强化来确认道德信息，从而使追随者更加关注道德信息。因此，根据社会学习理论，在组织环境中，团队氛围、领导风格等各种因素都会对员工的学习行为产生影响（Bezuijen，2009；Seijts et al.，2004；Dusya et al.，2004）。当下属学习和模仿道德领导者并表现出与道德领导者所倡导的组织道德规范和组织道德气氛相一致的行为时，会产生强烈归属感和实现目标的快感，继而产生心理所有权和心理幸福感。

总之，道德型领导（ethical leadership）是一种道德行为的模式。道德型领导是追随者识别和模仿的目标，领导者会被视为一个有道德的领导者。当领导者与道德联系起来时，领导者的这种道德须是有吸引力的、可信的和合法的，领导者的道德行为会表现出一些特定的行为标准

（例如，公开和诚实）和利他的动机（例如，公平和体贴的员工）等。因此，在组织环境中，员工的学习行为受到许多因素的影响，如团队氛围和领导方式的类型（Bezuijen，2009；Seijts et al.，2004），当下属学习和模仿道德领导者，按照道德领导者所倡导的组织伦理和道德氛围行事时，就会产生归属感。

2.1.2　自我决定理论

自我决定理论（self-determintion theory，SDT）是由爱德华、德西和瑞恩等（Edward，Deci & Ryan et al.）提出的。该理论试图为自我组织行为和社会整合行为奠定基础，包括发展社会心理现象的基本动机等方面。爱德华等为他们综合理论的每个组成部分提供严格的经验证据。

（1）自我决定理论的定义。

20世纪70年代，德西和瑞恩（Deci & Ryan，1985a）基于外部奖励如何影响内在动机的实验研究，整合人类内化理论、个体因果定向等理论，提出了自我决定理论，在教育、体育运动和健康等心理学等领域得到了广泛应用。之后，德西、康奈尔和瑞恩（Deci，Connell & Ryan，1989）将自我决定理论应用到了组织管理及干预研究。

自我决定理论以个体的内在动机（intrinsic motivation）概念为出发点，在自我组织状态（self-organized state）下，通过个体挑战环境的努力中体会实现目标时的满意感。人在内在动机的驱使下，会在活动过程中产生强烈的兴趣和适应感，可能会忘记时间和自我。他们认为，内在动机表达和代表了个体内在的机体成长过程（organismic growth process），在这种成长过程中，一个长期延伸其兴趣并履行其承诺的个体，其生活中最可能出现一种幸福的状态。加涅和德西（Gagné & Deci，2005）提出了基于 SDT 的工作动机研究模型。德西、理查德和瑞恩等（Deci，Richard & Ryan et al.）认为个体的自动自我整合行为可以充分增强其认知资源和创造性资源。

（2）自我决定理论的动机类型。

自我决定理论（SDT）识别了人类活动的不同类型动机，认为各种动机是一系列具有不同前因或结果的不同心理过程，为研究工作提供了新的动机理论框架。自我决定理论最显著的特色是辨识出人们从事活动的三种动机，即内在动机（intrinsic motivation）、外在动机（extrinsic motivation）和去动机（amotivation）。内在动机是指一个人出于兴趣和乐趣而从事某一活动的动机；外在动机是指在外力作用下促使个体从事活动的动机；去动机是指缺乏参与一项活动的意愿（Ryan & Deci, 2000a）。有学者把它细分为三类：外部动机（external motivation）、内摄性动机（introjected motivation）和认同性动机（identified motivation）。外部动机是指为了获得奖励或逃避惩罚的行为；内摄性动机是指逃避自我施加的内疚和焦虑的行为；认同性动机是指符合个人价值观的行为（Ryan & Connell, 1989）。

（3）自我决定理论的外部动机类型。

自我决定理论认为人们在进行非内在动机时，会表现出不同类型的外在动机。因此，进一步发展出不同类型的外在动机，即外部调节（external regulation）、摄入调节（introjected regulation）、认同调节（identified regulation）和整合调节（integrated regulation）。外部调节是指人们为了获得行为所带来的工具性结果而根据外部条件进行活动的动机；摄入调节是指个体通过吸收外部规范或价值，而不是完全同化，从而避免焦虑、内疚或提高自尊的活动的动机；认同调节是指个体认同自己所从事的活动的价值，并觉得这些活动对自己很重要的动机；整合调节是指个体认同活动价值并将其整合为自我价值的动机（Ryan & Deci, 2000b）。瑞恩和德西根据不同类型的外在动机的自主程度，将外在动机的类型在一个连续体上进行排序，从最不自主的外在动机调节、部分自主的摄入调节、基本自主的认同调节到完全自主的整合调节，再到内在动机。据此，瑞恩和德西提出了两种类型的动机，即自主动机（autonomous moti-vation）和控制动机（controlled motivation）。自主动机是指在从事活动时具有足够的意愿意识、意志意识和选择意识的动机，包括内在动机以及整合调节和认同调节的外在动机。控制动机是指在从事活动时受到外部条件或内部心理的强迫或控制的动机，包括外部调节和摄入调节的外在动机。

（4）自我决定理论的核心假设。

自我决定理论是一个涉及心理的需要和动力的动机理论，强调当外部环境中所提供的奖励满足自主（autonomy）、胜任（competence）和关系（relatedness）三种心理需要时，最有可能激发内在动机，这样支持个体心理需要的社会环境有助于促进其自我决定行为。自主、胜任和关系这三种基本心理需求是个体心理成长和心理健康内化的必要条件。"自主"是指个体根据自己的意愿和选择从事活动所经历的心理自由的感觉。"胜任"是指个体对自身环境和能力发展的控制感；"关系"是指从个体体验到与他人联系、关爱他人、被爱被关心的感觉（Ryan & Deci，2017）。自我决定理论假定所有人都有基本的需要，希望在行为中感到自由和不受压制，希望通过自身的行动拉近同重要人物的距离，甚至是和这些人物发生联系，并且在这些行为中体会到力量和能力（Deci & Ryan，1991）。自我决定理论的核心假设是：当组织环境满足员工的自主、胜任和关系这三种基本心理需求时，体验到工作中的意愿、意志和选择感，会增强或保持自主动机，这种行为会更持久，质量更高，会产生更为有效的行为结果，也促进了个体的身心健康；反之，当个体的这三种基本心理需求受阻时，员工在工作活动中会产生强烈的被控制感，表现出强烈的控制动机或无动机，此时个体对外部结果的关注程度更高，更容易对行为结果和敬业度产生负面影响（Gagné & Deci，2005）。当人们在生活体验中有这些体验时，内在动机更容易发生。在这种状态下，他们提出了这三种体验自决理论的可能性，即人们遇到的人际和组织背景对心理需要的满足有重要影响，胜任力和关系需求的背景可能会抑制他们表达内在动机的能力。

（5）基于自我决定理论的工作动机理论模型。

根据自我决定理论的动机类型和核心假设，形成了"环境—基本心理需要—工作动机—结果"的理论模型。模型中，自变量为环境，一般指工作环境，分为自主支持环境和控制环境；中介变量为基本心理需要满足和三类动机（包括自主动机、控制动机和去动机），用来解释工作环境对员工的影响；因变量（结果变量）包括工作绩效、工作行为（如工作敬业度、工作投入等）、工作态度（如工作满意度、组织承诺、离职意向、心理所有权等）、心理健康（如工作倦怠、工作压力感、工作焦虑、心理幸福感等）。另外，个体特征也可以作为基本心理需要满足和工作动机的前因变量。自主支持环境因素主要包括工作特征、领导风格、自主支持、人际氛围和组织支持五个方面。控制环境主要包括四个方面：上级的消极行为、职场欺凌、工作的消极特征和员工组织政治感知。

2.1.3　社会认同理论

20 世纪 50 年代末，社会心理学界才开始讨论和研究"认同感"这一概念。"认同"作为最初的哲学术语，也称为"同一性"，它是指事物与自身保持内在的一致性。该理论认为个体在社会中会被划分在不同的类别中，并会对自己所处的群体类别产生认同感，从而形成外群体偏见和内群体偏好（Tajfel et al.，1986）。当个体认同自己所属的特定群体时，他们会根据这个群体的准则和规范来要求自己的行为。此外，群体中的个体会比较群体内部和外部的优劣势，来形成对群体的好感，从而维护群体的利益。社会认同理论还认为，个体根据自己感觉所属的社会范畴来定义或描述自我的特征，形成自我概念后，个体对群体的认同，就会自认为是群体中的一员。

阿什福思和梅尔（Ashforth & Mael，1989）将社会认同理论引入组织中，将组织认同视为社会认同的一种特殊形式。组织认同是个体根据某一特定的组织成员身份来定义自我的一种状态，或是对归属于某个群体的看法或知觉（Avey et al.，2011）。因此，组织中的个体会根据组织特点来定义自己，并以能够成为组织一员而感到光荣，在自尊上可以得到很大的满足。同时，为了保持和提升这种自尊的满足感，个体会维护组织存在或组织利益，自愿为组织发展做必要和额外的努力或付出。因此，根据社会认同理论，一旦员工对其所在的组织产生认同感，员工会自觉按照组织成员的标准要求自己，甚至将自己的命运与组织联系起来，为了维护组织的声誉和利益，他们愿意牺牲自己的利益。而道德型领导通过道德标准约束自己的行为，来提高自身形象和组织形象，使员工对组织产生认同和信任，进而促使员工具有组织公民行为。

2.1.4 占有心理学理论

弗比（Furby，1978）提出占有心理学（psychology of possession）是心理所有权的理论基础。占有感（感觉就像一个物体、实体或想法是"我的"或"我们的"）无处不在，可以指有形物体或无形物体，可以在基于法律所有权和非法律所有权如情感等情形下发生（Wilpert，1991）。占有感、占有物（财产）和所有权感之间有很强的联系，占有心理学将所有权感与对拥有目标的积极态度、自我概念和对目标的责任感联系起来。有学者在占有心理学研究的基础上，研究了态度（attitudes）、自我概念（self-concept）和责任意识（sense of responsibility）与心理所有权的关系（Linn Van Dyne et al.，2004）。

（1）态度（attitudes）。

研究表明一旦人们对有形或无形的目标拥有了所有权就会产生积极

情感，如贝根（Beggan，1992）认为，一旦人们对目标物产生心理所有权时，就会给予目标物更积极的评价；纳丁（Nuttin，1987）认为如果人们对实体产生心理所有权时，也会对实体产生积极态度。

（2）自我概念（self-concept）。

占有心理学认为人们一旦对某种有形的或无形的占有物产生心理所有权，就会将该占有物视为延伸自我的一部分（Belk，1988）。詹姆斯（James，1890）把"我"和"我的"联系在一起：我们对某些属于我们的事物的感觉和行动就像我们对自己的感觉和行动一样。因此，对有形和无形的占有物产生心理所有权时会与自我概念相联系（Furby，1978）。

（3）责任感（sense of responsibility）。

研究表明对占有物的心理所有权，会激发对实体的责任感（Beaglehole，1932；Furby，1978）。一旦人们对拥有物产生心理所有权，就会促使个人保护和捍卫其所有权（Hall，1996）。威尔珀特（Wilpert，1991）强调了对占有物的保护和增益，包括改进和控制占有物或限制他人的接近。总之，占有心理学理论和研究将所有权的感觉与对所有权目标、自我概念和目标的责任感的积极态度联系了起来。

2.2 道德型领导

2.2.1 道德型领导概念与内涵

"ethical leadership"在本书中译为"道德型领导"，也被译为"伦理型领导"。它起源于西方，后被引入中国。道德型领导这一概念最早由恩德尔（Enderle，1987）提出，并将其定义为一种在管理决策和实践过程中参照道德规范和原则的思维方式。马克西（Maxcy）认为道德型领导是指那些能描绘出具有一定的个人和社会价值的美好愿景的领导者及其领导行为。阿圭勒（Aguilar）强调道德型领导必须以"道德态度"为完成工作的指导准则。拉希威（Lasheway）认为道德型领导会专注于"做正确的事情"。海费茨（Heifetz，1994）认为道德型领导会帮助下属应对各种困难和情境变化，能为下属创造一个良好的、值得信任的工作环境。特雷维诺等（Trevino et al.，2000）认为道德型领导是具有道德的人（ethical person）和道德的管理者（ethical manager）的双重角色。即有道德的人指以道德标准为依据制定决策，具备特定的人格特征（如正直、诚实和值得信任）和某些行为（如关怀下属、开放和个人德行）；道德的管理者指以自己的实际行动在组织内树立道德模范角色，并能不断地通过双向沟通的方式，与下属讨论道德原则、道德标准和价值观，在管理中对符合道德标准员工行为进行奖励。阿伦森（Aronson，2001）认为能否按照一定的道德标准约束自己的行为且自身的道德行为具有一定的稳定性是判断领导者行为是否道德的标准；或者说判断标准为领导者的行为是否符合自己和他人的伦理道德和规范的目的。梅达（Meda，2005）认为道德领导不仅应具备道德的特征和意志，还应是道德行为示范者或榜样领导。布朗等（Brown et al.，2005）认为道德型领导是领导者通过个人行动和人际互动，向下属示范适当的行为规范，并且通过双向沟通、强化和决定的方式促使追随者遵循这种规范。斯潘根贝格等（Spangenberg et al.，2005）认为道德型领导能创造和分享一个道德愿景，能促使领导者、下属和组织一起实施这个愿景。布朗和特雷维诺（Brown & Trevino，2006）认为道德型领导的内涵包括诚实、体谅追随者、决策的公平性、利用奖惩促进道德行为、基于道德价值观作出决策。由此可见，道德型领导是一个有价值、有意义、严谨可靠的研究变量。道德型领导定义汇总如表2-1所示。

表 2 - 1   道德型领导的定义

提出者（年份）	定义
恩德尔（Enderle, 1987）	道德型领导是领导需要按某种道德标准来进行决策和实践的一种思维方式，包括个人层面领导（影响他人）和组织层面领导（影响组织）两个层面的内涵
海费茨（Heifetz, 1994）	道德型领导应该帮助下属应对工作中各种情况的变化，为下属创造一个良好的、值得信任的工作环境
特雷维诺等（Trevino et al., 2000）	道德型领导具有双重角色，即有道德的人（ethical person）和道德的管理者（ethical manager）
阿伦森（Aronson, 2001）	道德观念与行为稳定且合乎道德标准
梅达（Meda, 2005）	具有道德特征和道德行为榜样
布朗等（Brown et al., 2005）	道德型领导是领导者通过个人行动和人际互动，向下属示范适当的行为规范，并且通过双向沟通、强化和决定的方式促使追随者遵循这种规范
斯潘根贝格等（Spangenberg et al., 2005）	道德型领导能创造和分享一个道德愿景，能促使领导者、下属和组织一起实施这个愿景
布朗和特雷维诺（Brown & Trevino, 2006）	道德型领导的内涵包括诚实、体谅追随者、决策的公平性、利用奖惩促进道德行为、基于道德价值观作出决策

资料来源：由笔者整理。

2.2.2　道德型领导的测量与维度

卡农戈和门东卡（Kanungo & Mendonca，1998）将道德型领导划分为领导者的动机/意图（leader's motive/intention）、领导者的影响策略（leader's influence strategy）、领导者特质（leader's character）3 个维度。特雷维诺等（Treviño et al.，2003）研究发现伦理型领导应当包括以人为本、伦理行为、伦理标准、伦理意识和伦理决策 5 方面内容（Treviño et al.，2006）。昆蒂亚和苏拉（Khuntia & Suar，2004）在印度东部两家私营和两家公有制企业中，以 340 位中层管理者为研究对象进行研究，结果发现了道德型领导的 2 个主要维度，即"动机与性格"（motive and character）、"授权"（empowerment）。布朗等（Brown et al.，2005）提出了一维环境变量的概念，并发展了环境变量量表（ELS）。布朗等（Brown et al.，2005）通过研究金融服务机构员工和其直接管理者，开发了一个单维的道德型领导概念，开发了"道德型领导力量表"（ethical leadership scale，ELS）。德胡等（De Hoogh et al.，2008）使用了从多元文化领导行为问卷（MCLQ）中导出的 3 个量表来测量道德型领导的 3 个维度：道德与公平、角色定义、权力分享等。雷西克等（Resick et al.，2006）提出了道德型领导的 4 个维度：诚信、利他主义、集体动机以及激励，且具有较好的跨文化适用性。马丁等（Martin et al.，2009）同样利用 GLOBE（global leadership and organizational behavior effectiveness，GLOBE）项目的研究数据，比较分析了美国（455 名中层管理者）和德国（398 名中层管理者）道德型领导的行为，验证了雷西克等（Resick et al.，2006）的 4 个维度的道德型领导构念。道德型领导量表开发汇总如表 2 - 2 所示。

表 2 - 2　　　　　　　　　道德型领导量表开发汇总

开发者（年份）	维度	研究对象
卡农戈和门东卡（Kanungo & Mendonca，1998）	3 个维度：领导者的动机/意图（1eader's motive/intention）；领导者的影响策略（1eader's influence strategy）；领导者特质（1eader's character）	
特雷维诺等（Trevino et al.，2003）	5 个方面：以人为本、伦理行为、伦理标准、伦理意识和伦理决策	高层管理者
昆蒂亚和苏拉（Khuntia & Suar，2004）	2 个维度：授权（empowerment）、动机与性格（motive & character），共计 22 个题项	中层管理者
布朗等（Brown et al.，2005）	1 个维度：道德型领导力量表（ethical leadership scale，ELS），共 10 个题项	高层管理者

开发者（年份）	维度	研究对象
德胡等（De Hoogh et al.，2008）	3个维度：道德和公平；角色定义；权力分享（MCLQ量表）	高层管理者
雷西克等（Resick et al.，2006）	4个维度：诚信、利他主义、集体动机以及激励，共包括15个题项	中层管理者
马丁等（Martin et al.，2009）	4个维度：诚信（character/integrity）、利他主义（altruism）、集体动机（collective motivation）、激励（encouragement），共包括15个题项	中层管理者

资料来源：由笔者整理。

在这些量表中布朗设计的 ELS 有较好的信度和效度，被大量的实证研究所采用。因此，本书也采用了布朗等（Brown et al.，2005）开发的单维"道德型领导力量表"（ethical leadership scale，ELS）。

2.2.3　道德型领导的影响因素

领导者个性特质和类型。目前，除了少数学者研究领导者的个性特质对道德型领导的预测作用，鲜有学者对道德型领导影响因素进行实证研究（见表2-3）。布朗、特雷维诺和哈里森（Brown，Trevino & Harrison，2005）的研究结果发现，领导者自身的特质和类型与道德型领导有显著关系，而与被访者的个人特质和信仰关系不大。如领导者的诚实、体贴、信任的人生观、情感信任、相互的公平性、理性化的影响等对道德型领导有显著的正向影响；领导者的滥用监管对道德型领导有显著的负向影响。德胡等（De Hoogh et al.，2008）研究发现领导者的社会责任感尤其是内在责任感与道德型领导呈正相关关系。社会责任感由道德和法律标准、内在责任感、关心他人、考虑结果、自我评判这五类体现个性特质内容组成。瓦伦布瓦等（Walumbwa et al.，2009）认为大五人格中的宜人性表现为关心他人、可信、正直等，高责任心表现有关的可靠、自律、坚持等。研究发现宜人性与责任感与道德型领导正相关，而神经质与道德型领导负相关。

表 2 – 3　　　　　　　　　道德型领导影响因素研究汇总

类别	影响因素	提出者（年份）
领导者的个性特质和类型	领导者的诚实、体贴、信任的人生观、情感信任、相互的公平性、理性化的影响	布朗、特雷维诺和哈里森（Brown，Trevino & Harrison，2005）
	道德和法律标准、内在责任感、关心他人、考虑结果、自我评判	德胡（De Hoogh，2008）
	大五人格中的宜人性表现为关心他人、可信、正直等；高责任心表现有关的可靠、自律、坚持等	瓦伦布瓦等（Walumbwa et al.，2009）

资料来源：由笔者整理。

2.2.4　道德型领导的影响

（1）道德型领导与下属的态度。

昆蒂亚等（Khuntia et al.，2004）证实道德型领导能提高下属的工作投入以及情感承诺（使用了其自己开发的量表）。托尔和奥福里（Toor & Ofori，2009）证实道德型领导与员工对领导的满意度相关，也与员工的额外工作投入相关。纽伯特等（Neubert et al.，2009）证实道德型领导对提高下属的工作满意度有正向影响，对组织承诺有正向影响。德胡等（De Hoogh et al.，2008）研究发现下属的乐观情绪受领导者的道德领导行为的影响。下属对领导者的道德领导力的感知会增强下属的乐观情绪，还会增强下属对自身的组织地位及组织未来的信心，使下属更愿意为组织作贡献。德胡等（De Hoogh et al.，2009）还证实了道德型领导与员工的信任、情感承诺和规范性承诺正相关，而与持续承诺负相关。

（2）道德型领导与下属的工作绩效及行为。

王震（2014）认为道德型领导对下属工作绩效及其行为的影响研究，一般都会基于社会学习理论（SDT）和社会交换理论（SET）。从个体层面上讲，道德型领导能降低下属的不道德行为如"谋私利的行为"（Khuntia et al.，2004）。在对印度私营公司和公共部门的研究中发现，道德型领导与控制行为、欺骗行为呈负相关，与工作绩效、参与性、情感承诺呈正相关（Khuntia & Suar，2004）。道德型领导会对工作意义和工作自主性（Piccolo et al.，2010）、下属的进谏行为和心理安全感知（Walumbwa et al.，2009）等产生影响。从群体层面上讲，高层管理者以及主管的道德型领导对群体越轨行为有负向作用，而对群体组织公民行为有正向作用（Mayer et al.，2009）。而且道德型领导的影响还可以从组织的高层管理者逐层向下传递的。道德型领导的影响如表2－4所示。

表2－4　　　　　　　　道德型领导的影响（结果变量）

作用		变量名称	代表人物
道德型领导对下属的影响	对下属的态度	工作投入、员工对领导的满意度、情感承诺、组织承诺、规范承诺、乐观情绪、信任、控制行为、欺骗行为等	昆蒂亚等（2004）；托尔和奥福里（2009）；纽伯特等（2009）；德胡等（2008）；昆蒂亚和苏拉（2004）
	对下属工作绩效及行为	个体：不道德行为、工作意义、工作自主性、建言行为等	昆蒂亚等（2004）；皮科洛等（2010）；瓦伦布瓦等（2009）
		群体：越轨行为、组织公民行为	迈耶等（Mayer et al.，2009）
道德型领导发生作用的中介机制		工作意义、道德气氛、自我效能感、领导—员工交换关系、心理安全、主管的道德型领导	皮科洛等（Piccolo et al.，2010）；王震（2014）；瓦伦布瓦等（2009）；迈耶等（Mayer et al.，2009）

资料来源：由笔者整理。

此外，道德型领导主要从特质和行为两个维度进行了划分，通过授权和鼓励的方式，影响下属的道德行为，还通过树立道德榜样影响下属的道德行为。领导者的自身道德、组织和社会环境等因素都会对道德型领导产生影响，包括下属对领导者公正和正直的认知、对领导者的信任等因素。

2.3 心理幸福感

2.3.1 心理幸福感的概念与内涵

心理幸福感是从最初的幸福感到主观幸福感，从主观幸福感分离并发展出来的幸福感理论。古希腊哲学家柏拉图就提出过对幸福的最初量度。古希腊哲学家亚里斯提卜（Aristippos）第一个提出幸福就是追求感官的快乐。功利主义哲学家杰里米·边沁（Jeremy Bentham）（公元1748～1832年）则认为通过个人对最大快乐和自身利益的追求可以构建一个良好的社会。19世纪后半期，英国另一位功利主义伦理学大师亨利·西季威克（Henry Sidgwick）（公元1838～1900年）基于利己的快乐主义的假设，将幸福感分为经验的快乐主义和客观的快乐主义两种取向。但这种方法也具有不准确性和不确定性（邢占军，1993）。在西方心理学领域，享乐主义幸福观倾向于一种广义的快乐概念，其代表人物有威尔逊（Wilson）、卡尼曼（Kahneman）、迪纳（Diener）和卢卡斯（Lucas）等。他们认为幸福是相对于痛苦的快乐（Kahneman，1999）；主观幸福感（subjective well-being，SWB）是由威尔逊（Wilson，1960）最先提出的，受外部与内部因素的影响（Diener，1984），他提出了主观幸福感个体差异理论。迪纳和卢卡斯（Diener & Lucas，1999）提出主观幸福感由生活满意度、积极情感、消极情感三部分组成。

从快乐论出发形成的主观幸福感，有情感和生活满意度两个维度，而生活满意度是将积极和消极情感量表（PANAS）合并而成的（Diener，1984；Diener，1985）。主观幸福感一直被大多数心理学家所推崇，但是，理性主义幸福观认为，主观愉悦并不等于幸福。

随着人们需求层次的提高，理性主义的观点认为幸福不只是一种快乐、舒适、安康的生活状态，更在于生活的意义，从快乐论的主观幸福感转向了实现论的心理幸福感的研究，其主要代表人物有亚里士多德（Aristotle）、沃特曼（Waterman）、瑞夫（Ryff）、辛格（Singer）、瑞安（Ryan）和德西（Deci）等。古希腊哲学家亚里士多德（1990 年版）认为"幸福为心灵的活动""至善即是幸福""幸福是人的自我实现"。因此，他的理论被称为自我实现论（self-realizationism）、幸福论（eudaemonism）或完善论（perfectionism），认为快乐虽然属于幸福，但幸福却不能归结为快乐，至善是由各个具体的善积累而成，并且是在现实生活中通过德性的活动而达到的善。心理幸福感就是在亚里士多德实现论基础上建立的。从实现论出发，沃特曼（1993）认为当人们处于个人表达（personal expressiveness）的存在状态，即人们的生命活动与他们的深层价值相一致或协调时，幸福就会存在。个人表达是个人依据"真实自我"（true self）努力生活，实现自身的种种潜能（自我实现）。他认为在有个人表达的时候，一定会伴随着积极的情感体验。但是，有积极的情感体验的时候，却不一定会产生个人表达。同时，快乐也不只是来源于个人表达，还有很多其他途径。瑞夫和辛格（1998，2000）继承了亚里士多德的观点，把幸福看作是追求完美、实现个人的真正潜能。他们提出了一种心理幸福感（psychology well-being，PWB）的多维测量方法，从自主性（自治）、个人成长、自我接受、生活目标、控制性（环境控制力）、积极关系等人类自我实现的六个方面来评定幸福。瑞安和德西（2000）提出了自我决定理论（self-determination theory，SDT），认为幸福就是最佳的体验和心理机能状态。SDT 理论认为能力需要、关系需要和自主需要是幸福感的三个基本因素（需求）（Ryan & Deci，2001）。达格奈—德斯马莱和萨瓦（Dagenais – Desmarais & Savoie，2012）采用工作人际匹配、工作旺盛、工作胜任感、工作认可知觉和工作卷入意愿对员工心理幸福感进行维度划分。

　　总之，心理幸福感重视理论依据和理论建构，而主观幸福感更注重实证经验和操作经验（张陆和佐斌，2007）。心理幸福感概念及其代表人物汇总如表2–5所示。可见，心理幸福感中的幸福不仅指快乐，还在于人类潜能的充分实现，是个体力量和真正本质的实现。

表2–5　　心理幸福感概念及其代表人物的主要成果汇总

类型	代表人物	主要成果
幸福	亚里斯提卜	第一个提出幸福就是追求感官的快乐
	杰里米·边沁	认为通过个人对最大快乐和自身利益的追求可以构建一个良好的社会
	亨利·西季威克	幸福度量的伦理学研究，主要基于利己的快乐主义的假设，它包括经验的快乐主义和客观的快乐主义两种取向
主观幸福感	威尔逊（1960）	首次提出主观幸福感（subjective well-being，SWB）的个体差异的理论假设，但未深入探讨
	迪纳（1984）	区分了影响SWB的外部与内部因素
	卡尼曼等（1999）	把幸福定义为相对于痛苦的快乐
	迪纳和卢卡斯（1999）	认为幸福由生活满意度、积极情感、消极情感三部分组成
心理幸福感	亚里士多德（1990年版）	认为快乐虽属于幸福，但幸福不等同于快乐，至善才是幸福
	沃特曼（1993）	从实现论出发，把亚里士多德好好生活的概念解释为自我实现和人格展现，认为人们的生命活动与他们的深层价值相一致或协调时，幸福就会存在

类型	代表人物	主要成果
心理幸福感	瑞夫和辛格 (1998, 2000)	把幸福看作是追求完美、实现个人的真正潜能。幸福应从自主性（自治）、个人成长、自我接受、生活目标、控制性（环境控制力）、积极关系等人类自我实现的六个方面来评定
	瑞安和德西 (2000)	认为幸福就是最佳的体验和心理机能状态，认为能力需要（need for competence）、关系需要（need for relatedness）和自主需要（need for autonomy）是幸福的三种基本需要
	达格奈 – 德斯马莱和萨瓦（2012）	采用工作人际匹配、工作旺盛、工作胜任感、工作认可知觉和工作卷入意愿对员工心理幸福感进行维度划分

资料来源：由笔者整理。

2.3.2 心理幸福感的维度与测量

主观幸福感（subjective well-being，SWB）认为人的幸福是通过情感来表达的，是以快乐论为基础发展起来的，表现出更多的积极情感和更少的消极情感，即对生活的满意就是幸福（Diener et al.，1999）。而心理幸福感（psychology well-being，PWB）强调的幸福，不仅仅关注情感体验，更关注个人潜能的实现，是以实现论为基础演化而来的。由于两者有不同的哲学基础，所以对幸福感界定也是不同的。以下为心理幸福感量表及开发者：

（1）沃特曼的个人表现的量表。

沃特曼（Waterman，1993）将幸福分为"个人表现"（personal expressiveness）和"尽情享乐"（hedonic enjoyment）两种。个人表现的幸福，是指个人全心全意地投入到某一项活动中，自己的潜能得到充分实现和自我表现的体验，从而有助于自我实现，一种实现自我的快乐。尽情享乐的幸福，指在活动中满足自己的生活或心理需求的体验。沃特曼（Waterman，1993）根据该幸福理论，从 6 个维度开发了《个人表现行为问卷》（The Personally Expressive Activities Questionnaire，PEAQ），验证了快乐与个人表现之间的相关性（Ryan & Deci，2001）。

（2）瑞夫的六维模型量表。

瑞夫认为幸福是努力表现完美的真实的潜力，而不能等同于快乐。瑞夫和凯斯等（1989，1995）开发了由六个维度组成的心理幸福感量表，其中六个维度分别是自我接受（self-acceptance）、个人成长（personal growth）、生活目标（purpose in life）、良好的人际关系（positive relation with others）、环境控制（environment master）、自治（autonomy），共计20个题项。其中，自我接受指对自己和过去生活的积极评价；个人成长指作为一个人的持续成长和发展的感觉；生活目标指相信一个人的生活是有目的和有意义的；良好的人际关系指拥有与他人的优质关系；环境掌握指有效管理自己的生活和周围世界的能力；自治指自决的感觉。瑞夫（Ryff，1998）认为，人的幸福最重要的因素是生活目标和良好的人际关系，其次是自我接受或自我尊重。

（3）瑞安和德西的自我决定理论（self-determination theory，SDT）。

瑞安和德西的自我决定理论包括自我实现和自我实现的意义及途径，是一个以实现论为基础，重点研究人的内在成长和先天心理需要，把"能力需要、关系需要和自主需要"3个维度作为自我决定理论测量幸福感的三个基本因素。此外，用于测量员工幸福感的量表有情感平衡量表、积极与消极情感量表、工作情感量表等。心理幸福感量表开发汇总如表2-6所示。

本章采用了瑞夫和凯斯（Ryff & Keyes，1995）开发的六维模型量表。该量表开发较早，被广泛用于实证研究，最为成熟。本章基于研究需要仅提取了"个人成长"和"良好的人际关系"两个指标进行测量。

表 2 - 6   心理幸福感量表开发汇总

开发者（年份）	维度
沃特曼（1993）	6 个维度（PEAQ），有不同寻常的强烈的对于事情（undertaking）的投入感；与某种行为有特别的适合感，而且这种行为并不是普通的日常事务；有很强的活跃感；专注于一件事的时候有一种实现感；认为这就是人生意义所在；感到这是一个人的真实所在等维度组成
瑞夫等（1995）	6 个维度：自我接受（self-acceptance）、个人成长（personal growth）、生活目标（purpose in life）、良好关系（positive relation with others）、环境控制（environment master）、独立自主（autonomy），共计 20 个题项
瑞安和德西（2000）	3 个维度：能力需要（need for competence）、关系需要（need for relat-edness）和自主需要（need for autonomy）

资料来源：由笔者整理。

2.3.3　心理幸福感的影响因素

积极心理学，强调主观意识，包括对过去、现在和未来的幸福体验和满足感（Shorey，Little，Snyder，Kluck & Robitschek，2007）；强调个体的积极特质，包括爱、职业能力、勇气、美感、人际交往、毅力、创新能力等；强调群体的职业道德、公民的责任心、利他主义、公民品质等（Seligman & Csikszentmihalyi，2000）。以上这些都是影响个体层面和群体层面幸福感的因素。

2.3.3.1　个体层面

（1）人口学变量。

受教育水平、年龄和性别等人口学特征与心理幸福感相关，且存在一定的差异（Keyes et al.，2002）。瑞夫（Ryff，1989）研究表明年龄、性别、教育水平、婚否以及健康和能力的自我评价等人口学变量对心理幸福感的解释量较低（3% ~ 24%），年龄和受教育水平对心理幸福感的影响较高。年轻人和中年人在心理幸福感的"个人成长"维度得分显著高于老年人（许淑莲等，2003）。女性可以预测积极的人际关系和个人成长；随着年龄的增长，"生活目标""个人成长"对心理幸福感的影响会逐渐降低，而"环境控制""良好的人际关系"和"独立自主"会逐渐增高，"自我接受"在各年龄段对心理幸福感没有区别（Ryff et al.，1995）。瑞夫（Ryff，1989）发现女性比男性在"人际关系"和"个人成长"上对心理幸福感的影响更明显。邢占军等（2004）发现男性比女性在"独立自主""生活目标"和"自我接受"上对心理幸福感的影响更明显，而崔春华等（2005）发现女性在"总量表及环境控制""良好的人际关系""个人成长"方面的得分都显著高于男性。

（2）人格与认知因素。

人格是预测心理幸福感的强有力的预测指标（高淑燕等，2009；陈咏媛等，2008）。领悟社会支持和感恩是宜人性和心理幸福感之间的链式中介变量（连灵，2017）；领悟社会支持和基本心理需要是感恩和心理幸福感之间的链式中介变量（罗雪峰等，2017）。研究发现大五人格因素和六维度的心理幸福感有一定的相关性，如外向性与自我接纳、个人成长和积极的人际关系之间也有中等程度的相关；开放性与个人成长有一定程度的相关；随和性与积极的人际关系有一定的关系（Schmutte et al.，1997）。

2.3.3.2 群体层面

（1）领导风格与行为。

伦理型领导（道德型领导）对员工幸福感有显著影响（郑晓明和王倩倩，2016），道德型领导对增强员工工作融入有正向影响（以员工信任感为中介）（Chughtai，Byrne & Flood，2015）。魅力型领导对员工工作满意度有显著的正向影响（Rowold & Heinitz，2007）。此外，诸如信任、授权和共情等领导行为对员工幸福感均有显著的正向影响，而诸如粗鲁、不尊重等则会对员工幸福感产生显著的负向影响（Einarsen, Aasland & Skogstad，2007）。

（2）主管—下属关系。

主管—下属关系对员工工作满意度和组织承诺具有显著正效应（Gerstner & Day，1997）。高质量主管—下属关系有助于提高下属幸福感（Van Vianen, Shen & Chuang，2011）。主管—下属匹配对员工幸福感有显著正向影响（以主管—下属交换为中介）（张征，2016）。

2.3.3.3　组织或社会层面

（1）家庭组织。

家庭组织包括2个维度：家庭成员的角色和责任、家庭内部的规则和期望（Bray，1995）。组成家庭组织的2个维度和家庭过程的5个维度（包括问题解决、家庭成员之间交流、冲突、与母亲的分歧、与父亲的分歧）都与心理幸福感中的个人成长主动性维度相关（Whittaker & Robitschek，2001）。

（2）组织活动和社会支持。

员工压力与员工幸福感相关。因组织规模缩减或任务分配变更等增加员工压力、降低睡眠质量情况与员工幸福感负相关（Greubel & Kecklund，2011）。组织企业文化的重塑导致员工压力增加会降低员工幸福感（McHugh，1997）。

社会支持分为情感性社会支持和工具性社会支持。情感性社会支持有助于增强个人成长中的心理幸福感；工具性社会支持有助于增强个体自我效能感，提高心理韧性（Lee，2018）。社会支持与心理幸福感正相关，相对于外在控制性的个体，内在控制性强的个体心理幸福感更高（崔春华等，2005）。

（3）组织和社会文化。

组织文化或组织氛围与心理幸福感相关。创新型组织文化和团队型组织文化对员工幸福感有显著正向影响；结果导向型组织文化对员工幸福感有显著的负向影响（Ogbonna & Harris，2000）。西方文化更倾向于个体主义文化，而东方文化更倾向于集体主义文化，更注重相互依赖。可见，社会文化对个人成长有着重要影响。塔库（Taku，2013）研究的结果表明，在个人力量、精神性成长、生命欣赏方面的得分，美国大学生显著高于日本大学生，在与他人关系方面的得分却要低于日本大学生，但两者差异并不显著。研究结果表明，内源目标（intrinsic aspirations）如友谊、社交、个人成长等与心理幸福感正相关，而与沮丧和焦虑负相关；外源目标（extrinsic aspirations）如财富、名望、生理吸引力等与幸福感指标负相关（Kasser & Ryan，2001），以上结果在以俄罗斯人为样本的研究中也得到验证（Ryan et al.，2000）。

（4）其他因素。

心理幸福感与生活情境和心理因素相关，生活情境包括工作参与、工作时长、娱乐、搬迁、照顾子女，心理因素包括人生目标、自我提升和应对策略。在人力资源实践中，员工参与、信息分享等与员工工作、生活满意度正相关（Guest，2002）。高参与工作与员工工作满意度有显著正向影响，高参与工作与工作压力、情绪衰竭和工作生活冲突有显著负向影响（孙健敏等，2016），增加工作时长、超负荷工作与工作满意度负相关（Boxall & Macky，2014）。通过提高员工工作活力或降低情绪衰竭，发现高绩效工作有助于提升员工幸福感（杜旌、李难难和龙立荣，2014）。

有研究发现搬迁有助于提升老年女性的心理幸福感，尤其在环境控制和个人成长方面表现得更为明显（Kling，1997），与此同时，心理幸福感水平越高越有助于老年人适应搬迁后的环境（Smider et al.，1996）。此外，照顾子女有助于老年人找到生活方向和目标，有助于提升心理幸福感。研究表明心理幸福感与指向于问题的应对策略呈正相关，与指向于情绪的应对方式呈负相关（Kling，1997），可见，不同的应对策略会导致不同的心理幸福感水平。研究发现自我提升对心理幸福感有显著正向影响（Kwan et al.，2003）。心理幸福感的影响因素汇总如表2-7所示。

表 2-7   心理幸福感的影响因素汇总

层面	类别	变量名	代表人物
个体	人口学统计学因素	年龄、性别、教育水平、婚否、健康和能力的自我评价	凯斯等（2002）；瑞夫等（1989，1995）；邢占军等（2004）；崔春华等（2005）
	人格与认知因素	大五人格、宜人性、领悟社会支持、感恩、基本心理需求	高淑英等（2009）；陈咏媛等（2008）；连灵（2017）；罗雪峰等（2017）；帕梅拉等（1997）
群体	领导风格与行为因素	伦理型领导、魅力型领导；信任、授权和共情等领导行为；主管—下属关系	郑晓明和王倩倩（2016）；楚格泰、伯恩和弗勒德（2015）；罗伍德和海尼茨（2007）；艾纳森、奥斯兰和斯科格斯塔德（2007）；格斯特纳和达伊（1997）；万菲亚嫩、沈和庄（2011）；张征（2016）
组织（社会）	环境因素	家庭功能、家庭环境、社会文化、个人与组织匹配、工作需求、工作控制/自主权、社会支持、组织支持、组织变革、组织文化、组织氛围	惠特克和罗比切克（2001）；布雷（1995）；崔春华等（2005）；塔库（2013）；罗比切克和瑞安（2001）；格劳尔和克克伦德（2011）；麦克休（1997）；奥邦纳和哈里斯（2000）；帕克等（2003）
	其他因素	娱乐、搬迁、照顾子女、人生目标、自我提升和应对策略	克林（1997）；施密德等（1996）；维瑟雅奈等（2003）

资料来源：由笔者整理。

2.3.4　心理幸福感的影响

2.3.4.1　个体层面

（1）态度与行为。

员工对工作场所体验与评价会对其当前的职业情感和行为产生影响

（Chao，1990）。高幸福感的员工，对工作投入更多、职业认同感更强，对组织承诺更坚定（Goulet & Singh，2002；Meyer，Allen & Smith，1993）。如果我们降低了员工幸福感，将导致更高的员工离职倾向、缺勤、离职等，降低助人行为、主动性行为和组织公民行为等（翁清雄和席酉民，2010；Wright & Bonett，2007）。组织承诺与员工幸福感强正相关关系（Mcguire，2009）。提高员工心理幸福感有助于降低员工离职率（Ryff，1989）。快乐员工会表现出较多的助人行为，较多的组织公民行为，而高情绪耗竭的员工表现出较少的组织公民行为（Halbesleben & Wheeler，2011）。

（2）工作绩效。

同事和主管对幸福感高的员工的评价更积极（Cropanzano & Wright，2001）。上级的积极评价与员工高幸福感正相关（Wrightet & Bonett，2007）。通过提高员工内部组织身份和组织自尊，将有助于企业通过提升员工幸福感来增强员工创新绩效（黄亮和彭璧玉，2015）。员工的心理幸福感能有效促进其工作绩效（Cropanzano & Wright，2001）。提高员工幸福感能减缓员工的工作—家庭冲突（Culbertson，Mills & Fulla-gar，2012）。高幸福感员工，其持有的积极情感更高，消极情感更低（Diener，1999）；工作幸福感越高，员工个人生活幸福感越高；员工职业满意度越高，其生活幸福感越高（White & Dolan，2009）。

2.3.4.2 组织层面

从组织层面上看，研究表明员工满意度能正向影响企业财务绩效（资产回报率）和市场绩效（每股收益）（Schneider，Hanges，Smith & Salvaggio，2003）。制造业企业中员工工作满意度与次年生产效率显著正相关（Patterson，Warr & West，2004）。员工满意度能正向影响顾客满意度和服务质量感知（Brown & Lam，2008）。

综上所述，无论在个体层面还是在群体层面、组织层面上，对员工幸福感的影响因素都有所研究。而对员工幸福感的作用效果的研究，主要集中个体层面和组织层面，缺乏在团队或群体层面上的研究（许龙等，2017）。心理幸福感的影响汇总如表2-8所示。

表2-8　　　　　　　　　　心理幸福感的影响汇总

层面	类别	变量	代表人物
个体	态度和行为	工作绩效、组织承诺、组织公民行为、离职倾向、工作投入、组织认同	查奥（1990）；古利特和古利特（2002）；梅耶、艾伦和史密斯（1993，2010）；赖特和博尼特（2007）；瑞夫（1989）；赫巴兹勒本和惠勒（2011）；苏涛等（2018）
	工作绩效	上级评价绩效、创新绩效、工作绩效	潘泽诺和赖特（2001）；莱特和博内特（2007）；黄亮和彭璧玉（2015）
		家庭生活、工作—家庭冲突、积极情感和消极情感、生活幸福感、工作/职业满意度	卡伯森·米尔斯和富勒格（2012）；迪纳（1999）；怀特和多兰（2009）
组织	组织绩效	组织绩效、财务绩效、市场绩效、生产效率、顾客满意度、服务质量感知	施耐德、汉斯、史密斯和萨尔瓦吉奥（2003）；帕特森、沃尔和韦斯特（2004）；布朗和林（2008）

资料来源：由笔者整理。

2.4　心理所有权

2.4.1　心理所有权的概念与内涵

所有权（ownership）具有绝对性、排他性、永续性三个特征，是物权中最重要也最完全的一种权利。有学者在员工持股计划中发现员工持股能改善企业管理，因此，提出来心理所有权这一全新的理论，用于测量对组织绩效的影响。当财产在心理上扎根时，对于个人来说，它就变成了"我的"，因为个人发现自己存在于财产中（Kline & France，1899），而财产也存在于个人之中。因此，目标成为心理所有者身份的一部分。一个人的财产被认为是自我的延伸（Belk，1988；Dittmar，1992；Furby，1978a；Furby，1978b），"我的东西（在我的感觉中）成为我的一部分"（Isaacs，1933），因此，心理所有权的状态出现了。所有权是"具有双重性质的事物，部分主观、部分客观、部分意识、部分真实"（dual creation，part attitude，part object，part in the mind，part "real"）（Etzioni，1991）。皮尔斯等（Pierce et al.，1991）认为，心理所有权作为一种意识状态，是个体将所有权的目标或其一部分视为"他们的"所有的一种状态，如视目标物的全部或部分为"我的"或"我们的"。通常认为所有权是一种法律制度，使个人或一群人享有某些权利和责任。除了其制度存在（即所有权作为"真实"的东西）外，所有权也是一种态度、一种"思想"状态（Etzioni，1991；Pierce et al.，1991）。皮尔斯等（Pierce et al.，1991）提出所有权包含两层含义：第一层含义是员工正式拥有的所有权（formal ownership），包括资产权（equity）、控制权（influence）和知情权（或称信息权，information）三个部分；第二层含义是心理所有权（psychological ownership），即员工心里感觉到的所有权，或者说是对特定目标的责任感，即"……拥有，或感觉到责任，对工作……"（Parker et al.，1997）。工作群体中的心理所有权，是一种共享的组织占有感，它体现在所有权的信念和行为中（Stephen et al.，2003）。心理所有权和体验到的责任是两个明显不同的概念（Pierce et al.，2001）。如对特定的目标，体验到特定的责任感后，就会促使个体对目标进行投入或投资，从而产生了心理所有权（Pierce et al.，2004）。因此，心理所有权也指个体对目标物产生的占有感（杨凤歧等，2009）。所以，个体对不同的对象会产生不同的心理所有权，包括指向整个组织的组织心理所有权（Van Dyne et al.，2004）和指向特定工作的工作心理所有权（Pierce，O'Driscoll & Coghlana，2004）。

总之，心理归属的核心是占有欲的感觉，以及在心理上被束缚在一个物体上的感觉。心理所有权概念的基本特征如下：其核心概念是对某个特定目标的占有感；目标物无论是有形还是无形的，都被视为自我一部分的延伸，包含了情感和认知元素。

心理所有权的概念独特性。皮尔斯等（Pierce et al.，2001）基于其概念核心（占有欲）和动机基础，提出了心理所有权可以与其他构念区分的理论。当员工体验到心理所有权时，他们就能够满足"家"（有空间感即"home"）、效能（efficacy and effectance）以及自我认同（self-identity）这三种人类的基本需求。第一个需要拥有一个空间，"拥有一个地方或一个家"是拥有归属感的基本需要。这里的空间或"家"主要指特定的领地和空间（朱沆等，2011），如人类灵魂的空间（Weil，1952），是一种心理现象（Duncan，1981）；一个村庄、庭院或社区（Porteous，1976），是用于安放财产的地方（Ardrey，1966；Duncan，1981；Porteous，1976）。通过拥有一个"家"的动机来解释所有权与其相关的心理状态（Ardrey，1996），"家"不再是一件东西，而是成为我的或我们的一部分（Heidegger，1967），并愿意为这个目标物"家"大量投入资源、精力、钱财等，以此动机来解释心理所有权（Pierce et al.，2001）。第二个需求是效能。效能指个体探索和改变环境的动机，效能的体验和满足引导了占有和控制的尝试以及拥有感的出现（朱沆等，2011）。效能感是指个体探索和改变环境的动机，效能感的体验和满足导致了占有和控制的企图以及拥有感的产生。感觉有效是人类在特定领域感受能力的一般需要（Bandura，1977）。效果动机是需要感觉有能力在一个环境中有效地互动（White，1959）。例如，拥有一辆红色跑车可以帮助一些人感到强大。另一些人则通过感觉自己导致事情发生而获得能力。对拥有物或占有物的控制感是个体探索和改变环境所有权感觉的动机（Isaacs，1933），也是满足效能的先天性需求。所有权感觉是通过控制和体验改变环境中的效能愿望时出现的，类似效能、快乐和满足的感觉（Pierce et al.，2001）。第三个需求是自我认同。自我认同是指个体为了维持和改变自己的身份或自我定义的意义而建立的动机。个体可以通过占有来定义自己，向他人表达自我的身份，保持自我的连续性（Dittmar，1992）。自我认同是皮尔斯等（2001）确定的最终需求，该需要有一个明确的自我意识（Burke & Reitzes，1991），拥有和"我的"感觉，能帮助人们认识自我。占有物如财产等也是一种自我身份的表示（Dittmar，1992）。所以，定义自我、向他人表示自我身份及保持自我的可持续性就是使用所有权的目的（Pierce et al.，2001）。

心理所有权产生的途径。控制目标物、亲密了解、个人投入是出现心理所有权的三个主要途径（Pierce et al.，2001）。第一个途径是控制目标物。控制权作为所有权的一个基本特征，是展示使用和控制物体用途的能力（Rudmin & Berry，1987）。对某个物体的控制，就像控制身体的一部分，从而产生对某物的所有权感（White，1959）。对某物的控制力越大，越能体验到将其视为自我的一部分（Prelinger，1959）；相反，不被其控制的物体不会被视为自我的一部分，不会对其产生心理所有权（Seligman，1975）。因此，员工对组织因素的控制感与心理所有权之间正相关（Pierce et al.，2001）。增加员工对目标物的控制机会，可以促使员工对目标物产生心理所有权。如在组织情境下推行民主管理，让员工对目标或具体事务有更多控制机会，将有助于其产生心理所有权，与之相反的如集权。第二个途径是亲密了解。对某物体的了解或联系与对此产生心理所有权之间存在着因果关系，个体对某个物体的联系越紧密，产生的所有权感越紧密（Sartre，1943，1969），可见，只有通过与物体建立联系，个体才会对该物体产生所有权感（James，1890，1950，1963），个体对某物体的信息掌握越多，了解越深，自我与该物体的关系就越紧密，产生的所有权感就越强烈（Beaglehole，1932）。为此，组织要让员工对各自的工作、岗位、团队和项目及其目标等有更多的了解机会，并建立起更长久的联系，从而让员工产生所有权感。这正如皮尔斯等（2001）验证的结果一样，一个员工对特定的组织因素亲密了解的程度和他对这一因素感受到的所有权的程度之间存在正的因果关系。第三个途径是个人投入。当个体将自己的精力、时间和注意力投入到物体上时，就会与物体产生融合，形成对物体的所有权意识。组织为员工提供了许多机会，让他们在工作、产品、客户、项目或任务等不同方面进行自我投资，从而感受到自己的所有权。个人投入或投资有多种形式，包括时间投资、精神投资、技术投资、身体投资、心理投资和智力投资等。个体投入越多，心理占有感就越强。可见，对目标物投入与对目标物的心理所有权之间正相关（Jon L Pierce et al.，2004）。

心理所有权与相关概念的区分。第一个区分是法律所有权（legal ownership）。心理所有权虽然是由法律引申而来的，但它与法律上的概念有明显的区别：首先，法律所有权得到社会的承认和法律制度的保护，而心理所有权得到个人的确认，不受法律制度的保护（Pierce et al.，2003）。其次，心理所有权是无处不在的，无形和有形的物体（客体）在没有法定所有权的条件下，也可以发生心理所有权；总之，心理所有权的获得并不一定是以事实上的合法所有权为前提的（杨凤岐等，2009）。最后，法律所有权的责任由法律明确规定，而心理所有权则没有明确规定（王浩等，2007）。第二个区分是组织行为学中的相关构念。介绍心理所有权概念时，一般会用组织承诺（organizational commitment）、组织认同（organizational identification）、内在化（internalization）、员工归属感和心理契约等概念加以界定（杜海媚，2013）。组织承诺是一种使个人愿意保持组织成员身份的感觉；组织认同是指组织成员与其所加入的组织在行为和观念的许多方面的一致性，认为他们在组织中既有理性的契约感和责任感，也有非理性的归属感和依赖感，以及行为上的认同感，在这种心理基础上表现出对组织活动的奉献精神。内在化是指个人与组织目标和价值观的一致性，以及组织目标向个人目标的转化。员工归属感是指经过一段时间的工作，员工对企业的认同感、公平感、安全感、价值感、使命感和成就感，这些感受最终内化为员工的归属感。心理契约虽然不是客观存在的有形契约，但实际上起到了有形契约的作用（Schein，1965）。表2-9是心理所有权概念、理论、独特性、路径汇总。

表2-9　　　　　心理所有权概念、理论、独特性、路径汇总

类别	主要内容
心理所有权的概念	贝尔克等（1988）认为：一个人的财产被认为是自我的延伸
	艾萨克斯（1933）认为：我的东西（在我的感觉中）成为我的一部分
	埃齐奥尼（1991）认为：所有权是"具有双重性质的事物，部分主观、部分客观、部分意识、部分真实"
	皮尔斯等（1991）认为：心理所有权是一种个体感觉所有权的目标或其一部分是"我的"或"我们的"的状态，是一种意识状态
	埃齐奥尼和皮尔斯等（1991）认为：除了其制度存在（即所有权作为"真实"的东西）外，所有权也是一种态度、一种"思想"状态
	帕克等（1997）认为：对特定目标的责任感（即"……拥有，或感觉到责任，对工作……"）
	斯蒂芬等（2003）认为：工作群体中的心理所有权是一种共享的组织占有感，它体现在所有权信念和所有权行为中
	皮尔斯等（2001）表明心理所有权和体验到的责任是两个明显不同的概念，对目标状况的关注及体验到的责任是心理所有权的结果，而不是心理所有权本身
	皮尔斯等（2003）认为对特定的目标具有责任感，使个体对目标投资，从而产生了心理所有权
心理所有权概念的独特性	第一个基本需要：拥有一个空间（"家"）。拥有一个空间（"家"）是指人们需要特定的领地和空间来居留，对可能成为家的对象，人们会投入大量的精力和资源，达到占有它的目的

类别	主要内容
心理所有权概念的独特性	第二个基本需要：效能。效能指个体探索和改变环境的动机，效能的体验和满足引导了占有和控制的尝试和拥有感的出现
	第三个基本需要：自我认同。自我认同是指个体建立、保持和转变自己身份的含义或自我定义的动机，个体可以通过占有来定义自己，向他人表达自我认同，并保持自我连续性
心理所有权出现的主要途径路径	控制目标物。所有权的一个基本特征就是控制权。拉德明和贝里（1987）发现所有权基本上意味着使用和控制物体用途的能力
	亲密了解。所有权和联系不可分割，事实上，它们之间存在着因果关系，个体和一个物体的联系会产生所有权感
	个人投入。我们拥有我们的劳动，我们会认为我们拥有自己所创造、塑造或生产的产品。我们通过劳动将我们的精力投入到我们创造的产品中，因而，这些产品成为我们的代表，如我们的作品、思想和情感

资料来源：由笔者整理。

2.4.2 心理所有权的维度与测量

很多学者以心理所有权理论为基础开发了不同的心理所有权量表，用于探讨与其他变量的关系。

明尼苏达大学以皮尔斯为主的研究团队在皮尔斯、范·戴恩和卡明斯（Pierce，Van Dyne & Cummings，1992）和范·戴恩和皮尔斯（Van Dyne & Pierce，2004）基础上，开发了总共 7 个题项的李克特七点记分法的心理所有权量表。皮尔斯、奥德里斯科尔和科格拉纳等（Pierce，O'Driscoll & Coghlana et al.，2004）开发了 2 个维度共 12 个题项的心理所有权量表，分别指向组织心理所有权和工作心理所有权。储小平和刘清兵（2005）在组织承诺量表基础上开发了 7 个题项的李克特六点记分法的心理所有权量表。斯蒂芬·瓦格纳等（Stephen H. Wagner et al.，2003）开发了有所有权信念与所有权行为两个维度的共 8 个题项的心理所有权量表。埃维等（Avey et al., 2009）开发了有"促进性"和"防御性"两种类别的共16个题项的心理所有权量表，其中，促进性心理所有权包括自我效能、自我认同、占有感和责任感4个维度；防御性心理所有权主要包含领地感（Brown et al., 2005），即个体目标物受到外部实体影响而产生的防御性心理。以上量表都有较好的信度和效度，在实证中得到了一定验证。根据国内外实证研究引用统计发现林恩·范·戴恩与皮尔斯（Linn Van Dyne & Pierce，2004）开发的7个项目的量表引用较多。心理所有权量表开发者汇总如表2-10所示。

表2-10　　　　　　　　　心理所有权量表开发者汇总

开发者（年份）	维度
林恩·范·戴恩和皮尔斯（2004）	单一维度，共7个题项的组织心理所有权量表，如"这是我的组织""我觉得这是我的公司""这是我们的公司"等
储小平和刘清兵（2005）	单一维度，共7个题项心理所有权量表（选取组织承诺量表的部分题项）
斯蒂芬·瓦格纳等（2003）	两个维度，共8个题项，主要测量所有权信念与所有权行为
埃维等（2009）	2类五维的心理所有权，2种类别为"促进性心理所有权"和"防御性心理所有权"，促进性的心理所有权包括4个维度：自我效能、自我认同、占有感和责任感；防御性心理所有权仅1个维度
皮尔斯、奥德里斯科尔和科格拉纳等（2004）	2个维度共12个题项，分别指向整个组织的组织心理所有权（6个题项）和指向特定工作的工作心理所有权（6个题项）

资料来源：由笔者整理。

本书采用了皮尔斯、奥德里斯科尔和科格伦等（Pierce, O'Driscoll & Coghlana et al., 2004）开发的2个维度共12个题项的心理所有权量表，分别指向整个组织的组织心理所有权（6个题项）和指向特定工作的工作心理所有权（6个题项）。

2.4.3 心理所有权的影响因素

前因变量。国外较多的研究集中在工作特征模型（JCM 模型）中的技能多样性、任务同一性、任务重要性、自主权和反馈这五个维度（Hackman & Oldham，1975）对心理所有权的影响。也发现了这五类工作特征均能通过心理所有权作用于员工工作态度和行为（Pierce & Rodgers，2004）。储小平（2005）研究结果发现企业中员工职务级别越高，其心理所有权强度也越高。企业的性质、企业地位、领导风格都会在不同程度上影响员工的心理所有权。研究发现类似企业文化和组织结构等重要的情景因素也会对员工的心理所有权产生重要影响（Pierce & Rodgers，2004），包括企业家人力资本（宝贡敏和鞠芳辉，2007），企业因素（马丽波和董广振，2010），正式所有权、工作特征和人际交往因素，工作环境（O'Dricoll et al.，2006），人际关系（O' Dricoll et al.，2006；熊佳，2007；Zhu et al.，2010；朱沆，2011），血缘关系（Zhu et al.，2010），组织公平等因素，都会影响组织成员的心理所有权。研究也发现个体性别、受教育程度和工作年限对员工的心理所有权没有显著影响，而年龄、婚姻和工作职位对心理所有权的影响还是存在差异的（朱沆，2011）。

有学者认为正式所有权包括资产占有权、影响权、知情权（Pierce & Rodgers，2004）、权利束（Rousseau et al.，2003）；还有学者将正式所有权分为剩余控制权（一项核心权利）和利润分享权、财务信息知情权、决策参与权（三项附属权利），其中，剩余控制权是与法定所有权相联系的权利，而另外三项附属权利则可在脱离法定所有权的情况下产生心理所有权。但是这三项附属权利对心理所有权的影响会有所差异（Van Dyne et al.，2004）。

研究还发现员工对生产的自主权与心理所有权呈正相关关系（Parker et al.，1997）。授权型领导可以通过归属感、自我效能感和自我认同感影响员工的组织心理所有权和工作心理所有权（李燕萍等，2018）。领导方式也可以直接影响员工心理所有权（陈浩，2011），如威权领导对员工的组织心理所有权有显著的负向影响（李锐等，2012）。心理所有权的影响因素汇总如表2－11所示。

表2－11　　　　　　心理所有权的影响因素汇总

类别	影响因素	提出者（年份）
人口统计学因素	年龄、婚姻、工作职位职务	马丽波（2010）；陈浩（2011）；李锐（2012）
领导风格	授权型领导、威权领导、领导方式等	李燕萍等（2018）；皮尔斯（2001）；储小平（2005）；陈浩（2011）；李锐等（2012）
组织环境	组织公正感、企业的性质、企业在行业中所处的地位、企业家人力资本、企业因素、对生产的自主权、个人主义—集体主义	皮尔斯和罗杰斯（2004）；储小平（2005）；马丽波（2010）
工作特征	技能的多样性、任务的同一性、任务的重要性，以及自主权和反馈	哈克曼和奥尔德姆（1975）；皮尔斯和罗杰斯（2004）
产权与所有权制度	占有权、影响权、知情权、剩余控制权、利润分享权、财务信息知情权和决策参与权	皮尔斯和罗杰斯（2004）；卢梭等（2003）；范·戴恩等（2004）
人际交往	低度结构化的工作环境、组织内的人际关系	奥德里斯科尔等（2006）；熊佳（2007）；朱等（2010）

资料来源：由笔者整理。

2.4.4　心理所有权的影响

结果变量主要分员工态度和行为这两类，分积极效应和消极效应。在工作组织中，范·戴恩和皮尔斯（Van Dyne & Pierce，2004）认为，占有感是与工作相关的态度（如承诺和满意度）、自我概念（如基于组织的自尊）和行为（如绩效和组织公民身份）。

（1）从心理所有权的积极作用的角度看。

心理所有权对组织承诺、工作满意度、基于组织的自尊都能产生正向影响。其包括：承担责任、管理、个人牺牲和风险、关心和保护行为（Pierce et al.，2001），关联绩效中的人际促进维度和工作奉献（李军梅，2008），组织承诺和情感承诺（Michael et al.，2006；熊佳，2007），规范承诺（吕福新和顾姗姗，2007），组织公民行为（Van Dyne et al.，2004；Michael et al.，2006；熊佳，2007；乔治华，2007；刘芳等，2010；姚凯等，2010），工作绩效（曹科岩，2009），工作卷入度（熊佳，2007），创新工作行为（陈浩，2011），工作安全感和员工幸福感（邓波，2008），沉默行为（李锐，2012）等。

杨凤岐等（2009）提出对于中国本土心理所有权除了五个核心工作特征外，还有许多因素都会影响心理所有权，例如企业性质及领导风格等，他们还提出了以心理所有权为中介变量的模型。

（2）从心理所有权的消极作用的角度看。

心理所有权过度将导致出现威胁组织或其员工利益的异常行为（Robinson & Bennett，1995）。当组织出现变革时，为维护现状和既得利益，过度的心理所有权，可能导致阻碍和反对变革的反常举动，从而威胁到组织的正常运行，包括对其他员工的工作、生活产生不良影响（Robinson & Bennett，1995）。对个人来讲，由于目标物的改变或失去，会在内心产生巨大压迫感或挫折感。这对有过度心理所有权的个体而言，将导致其身心健康遭受影响（Bartunek，1993），还可能导致疾病，甚至会放弃求生意志（Cram & Paton，1993）。有学者研究发现职业经理人一旦失去对事务的控制权和知情权，由于过度的心理所有权无法得到满足，可能会出现侵占倾向或行为（储小平和刘清兵，2005）。皮尔斯等（2001，2003）还认为，在承担责任、保护行为和为所有权目标作出个人牺牲方面，可能会出现压力和疲劳效应。人们还注意到，伴随着个人珍贵财产的丧失或破坏，自我意识经常发生恶化（Cram & Paton，1993）。心理所有权的影响汇总如表2-12所示。

表2-12　　　　　　　　　　　心理所有权的影响汇总

类别	变量	代表人物
积极效应	组织承诺、工作满意度、基于组织的自尊、工作奉献、组织公民行为、工作卷入、感情承诺、规范承诺、员工创新、员工幸福感、低离职倾向、控制和以身份为导向的领土行为、绩效	林恩·范·戴恩和皮尔斯（2004）；李军梅（2008）；曹科岩（2009）；迈克尔等（2006）；熊佳（2007）；乔治华（2007）；吕福新和顾姗姗（2007）；芳等（2010）；姚凯等（2010）；陈浩（2011）；邓波（2008）；李锐（2012）；杨凤岐、袁庆宏等（2009）
消极效应	阻碍组织变革、侵占倾向、侵占行为、拒绝分享知识和工作空间、隐藏信息或囤积信息、自我意识恶化、拒绝授权、身体功能失调	巴图内克（1993）；储小平、刘清兵（2005）；皮尔斯等（2001，2003）；克拉姆和帕顿（1993）

资料来源：由笔者整理。

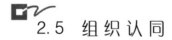

2.5　组织认同

2.5.1　组织认同的概念与内涵

（1）组织认同概念的形成。

认同的概念，有文献记载的应该是富特（Foote，1951）提出的，他认为个人倾向于把自己划分为某个组织的成员，这种自我分类可以激发个人按照组织的利益行事。20世纪早期的泰勒（Taylor，1919）和伯纳德（Barnard，1938）等也研究过类似认同的概念。认同就是在某种特定关系中进行自我定义，希望个人能与群体建立某种联系，并维持这种自我定义的满足感（Kelman，1958）。与此同时，也出现组织认同的概念（March & Simon，1958），但在接下来的 20 年中仅有有限的相关研究问世（Riketta，2005）。直到 20 世纪 70 年代，才开始重新兴起研究有关组织身份特征和组织认同的理论，但这一时期的研究还没有将组织认同从组织承诺（organizational commitment）中分离出来，而是作为同义构念进行使用的（Griffin & Bateman，1986；Mathieu & Zajac，1990）。把组织认同与组织承诺、组织内化等概念混合使用，造成了这一概念的研究停滞（Ashforth & Mael，1989）。到 20 世纪 80 年代后期，组织认同作为一个独特的构念，在组织行为学和社会心理学领域进行使用，并获得一些实证研究结果，由此获得广泛应用，将组织认同理论带入了一个全新的时代（Dutton，Dukerieh & Harquail，1994；Mael Ashforth，1992；Rousseau，1998）。组织认同的概念源自社会认同理论（Mael & Tetrick，1992）。社会认同理论强调各种社会分类，人们趋向于按一定的标准把自己归入某个组织或群体，比如组织性质、年龄、性别、种族等。这种社会分类，使得个体可以形成具有某种特定身份和社会身份特征，尤其是对社会身份的认同，也就形成了社会认同概念，回答了"我是谁?"的问题（Ashforth & Mael，1989；Stryker & Serpe，1982；Turner，1982）。由此可见，当个人身份特征与组织身份特征相一致性时，就能产生组织认同，而组织认同恰恰是社会认同的一种具体表现形式（Ashforth & Mael，1989）。

（2）组织认同的概念。

组织认同（organizational identification）有不同的定义。有学者用相似性、成员身份，以及忠诚度来定义组织认同（Patchen，1970）；也有学者认为组织认同是个体与社会元素的整合过程（Cheney，1983），是雇员体验到的对组织的一种心理依附（O'Reilly & Chatman，1986），是以组织成员的身份定义自我的一种状态，是归属于群体的一种知觉

（Ashforth & Male，1989），是成员将实体或组织的全部或一部分定义为自我的一部分，是一种与自我定义有关的归属的感觉（Ashforth & Male，1989；韩雪松，2006），是个体源于组织成员身份的一种自我构念（魏钧等，2007）。里克塔（Riketta，2005）从认知角度出发，认为组织认同是个体对于组织成员感、归属感的认知过程（Ashforth & Male，1989），体现的是个体与组织在价值观上的一致性（congruence）；从情感角度出发，认为组织认同是成员在情感上与组织保持着某种自我定义（O'Reilly & Chatman，1986）；从社会学角度出发，认为组织认同是个体的成员身份与组织价值观的一致，使得成员对组织产生情感上的归属或依附（Tajfel，1979）。总之，组织认同是个体认知并内化组织价值观的结果，也是个体在归属感、自豪感和忠诚度等方面流露出的情感皈依（魏钧等，2007）。

（3）组织认同的产生机制、持久性和多重性特性。

社会认同是社会分类过程和社会比较过程与一种有区别性地追求个人基本自尊需求的动机过程的产物（Taifel，1979）。这一过程遵循自我连续性、自我区别性和自我增强性等原则（Dutton et al.，1994），即无论时间还是环境如何变化，都能保持自我定义的连续性，还要强调人际交往中的独特性，体现自我区别性，不断提升自尊和自我评价，增强自我，从而产生组织认同。此外，个体对组织的归属需求和安全依附关系也会产生组织认同（Pratt，1998）。

组织认同的持久性是指组织成员不仅愿意在组织持续保持成员身份，即使离开了组织其本人在情感上还愿意继续保持其组织成员身份（魏钧等，2007）。所谓多重性（Albert & Whetten）是指在特定环境下员工对组织的多重认同包括标准的、道德的认同，也包括理性的、经济的认同，可以是角色层面（role-based）和个人层面（person-based），还可以是人际层面（interpersonal level）或关系层面的认同（relational identification）（Sluss & Ashforth，2007）。

（4）组织认同的类型和层次。

组织认同的类型。组织认同是一种从"无"到"有"、从低到高的程度不同的心理状态，有学者将其归纳总结为强烈认同、强烈不认同、模糊认同以及中立认同四种类型（Kreiner & Ashforth，2004）。还有学者将其分为情境认同（situated identification）和深层结构认同（deep structure identification）（Rousseau，1998）。情境认同更强调个体和组织共同利益基础，而深层结构认同更强调跨越角色、时间和情境的认知或心智模式。以下是与组织认同相关概念的对比。

认同与组织认同。"认同"一词源于拉丁语"idem"，意为"相同的事物"，指一种特定的情感联系。组织认同，有学者从认知特性上强调个体与组织一致性，或者个体从属于组织的感知（Ashforth & Mael，1989），有的从情感特性上强调个体与组织目标保持一致时自我定义的情感满足（O'Reilly & Chatman，1986），有的两者兼顾强调与组织团结的感觉，支持组织的态度与行为，与组织其他成员共享特征的感知（Patchen，1970）。

组织认同（organizational identification）与组织认定（organizational identity）。两者既有区别又有联系，组织认定侧重角色和身份的定义，压力主要来自组织外部。组织认同侧重于自我构念的形成（identity-formation），压力主要来自成员本身（Golden–Biddle & Rao，1997）。组织认定是组织认同的"去个人化"（depersonalization）的必然结果；组织认同是组织影响其成员形成自我定义的过程（Dukerich，2002），需要借助组织认定来实现（Albert et al.，2000）。

组织认同与组织文化。两者既有区别又有联系。共同的价值观是组织文化的核心，组织认同才能实现组织文化的个体转化（Hofstede，1990）。组织文化可赋予某种行为的深层意义（Fiol，1991），人们通过比较和反思获得共同理念和自觉行为过程正是组织认同形成的过程（Ravasi & Schultz，2006）。

　　组织认同与组织承诺。起初组织认同被视为组织承诺的一部分
（O'Reilly & Chatman，1986），随着组织认同理论的进一步发展才逐步转
化为一个独立概念。组织认同侧重点从"我"到"我们"的同化过程，
而组织承诺侧重点在于解释持续效力的出色表现（魏钧，2007）。组织
认同定义及相关内容汇总如表 2 – 13 所示。

表 2 – 13　　　　　　　　　　组织认同定义及相关内容汇总

类别	内容	提出者（年份）
定义	组织认同定义为相似性、成员身份，以及忠诚	帕琴（1970）
	组织认同是个人将自己与社会场景中的元素加以整合的过程	切尼（1983）
	组织认同是雇员体验到的对组织的一种心理依附	奥莱理和查特曼（1986）
	组织认同是以组织成员的身份定义自我的一种状态，或是一种归属于群体的知觉	阿什福思和梅尔（1989）
	个体认同某一实体（entity）是将其作为自我定义的一部分，以达到提升自我评价的目的，只有当成员将自我定义部分与组织表征相连时，成员才能对组织产生认同感	斯蒂尔（1997）
	个体源于组织成员身份的一种自我构念，它是个体认知并内化组织价值观的结果，也是个体在归属感、自豪感和忠诚度等方面流露出的情感归依	魏钧等（2007）
	从认知角度、情感角度、社会学角度分别定义组织认同	里克塔（2005）
类型和层次	认同类型：强烈认同、强烈不认同、模糊认同以及中立认同； 组织认同层次：情境认同和深层结构认同	克赖纳和阿什福思（2004）；卢梭（1998）
相关概念	认同与组织认同；组织认定与组织认同；组织认同与组织文化；组织认同与组织承诺	

　　资料来源：由笔者整理。

2.5.2 组织认同的维度与测量

组织认同有多维度和单一维度的测量量表。

（1）多维度的划分法。

切尼（Cheney，1983）在巴奇和施吕特（Barge & Schlueter，1988）的基础上开发了包括成员身份、相似性和忠诚度三个维度共 25 个题项的组织认同量表。切尼（Cheney，1987）又在帕琴（Patchen，1970）理论基础上开发了有 25 个题目的组织认同测量问卷（organizational identification questionnaire，OIQ）。帕琴（Patchen，1970）组织认同理论包含了"成员感"（membership）、"忠诚度"（loyalty）、"相似性"（similarity）三个维度交互作用构成的理论，其中，成员感强调对组织产生的附属感和情感依托；忠诚度强调对组织的热情、支持和忠诚；相似性强调员工与组织价值观和目标的一致性。OIQ 量表具有较高信度，其内部一致性 α 系数均在 0.9 以上（Johnson et al.，1999；Bullis & Tompkins，1989；Sass et al.，1991）。迪克等（Dick et al.，2004）基于社会认同理论开发了包括认知（cognitive）、情感（affective）、评价（evaluative）和行动（behavioural）四个维度共 30 个题项的组织认同量表。王彦斌（2004）开发了包括归属性、生存性和成功性三个维度共 13 个题项符合中国情景的组织认同量表。

（2）单维度的划分法。

梅尔和阿什福思（Mael & Ashforth，1992）开发了单一维度的共 6 个题项的组织认同量表。该量表经过大量实证发现其信度系数一般都能维持在 0.810 以上，具有较好的信度。

综上所述，组织认同的测量我们可以从认知维度、情感维度和行为维度三个维度来进行概况归类。组织认同量表开发汇总如表 2-14 所示。基于本书研究的因变量为心理幸福感和心理所有权，侧重于情感维度，因此采用了梅尔和阿什福思（Mael & Ashforth，1992）的单一维度量表。

表2-14   组织认同量表开发汇总

开发者（年份）	维度
切尼（1983）；巴奇和施吕特（1988）	三个维度：包括成员身份、相似性以及忠诚度等，共25个题项
切尼（1987）	三个维度：包括"成员感"（membership）、"忠诚度"（loyal-ty）、"相似性"（similarity）的OIQ量表，共25个题项
迪克等（2004）	四个维度：认知（cognitive）、情感（affective）、评价（evaluative）和行动（behavioural），共30个题项
王彦斌（2004）	三个维度：包含归属性、生存性以及成功性，共13个题项
梅尔和阿什福思（1992）	一个维度，共6个题项

资料来源：由笔者整理。

2.5.3　组织认同的影响因素

组织认同的影响因素包括环境因素和个人因素（Kreiner et al.，2006），其中，环境因素主要指认同需求（identity demands），而个人因素主要指认同压力（identity tensions），为此，也可以概括为组织因素与个人因素。

组织因素，包括组织特色（organizational distinctiveness）、组织声誉（organizational prestige）、组织内部竞争、组织外部竞争等，还包括类似人际作用、相似性、共享目标、共同威胁、共同历史等传统因素，以及类似上级支持、变革型领导、组织公平、职业进步等其他组织因素。组织声誉是影响组织认同的决定性因素之一，正面的组织声誉促进组织认同，负面的组织声誉会促使成员组织分离（Mael & Ashforth，1992；Iyer et al.，1996；Dukerich et al.，2002），比如外部声誉感知（perceived external prestige）和沟通氛围（communication climate）对组织认同有正向显著影响（Reade，2001；Smidts et al.，2001）。组织特色又称为组织独特性，人们通过组织身份特征强度（organizational identity intensity），研究其对组织认同的影响，比如组织身份特征越具有吸引力，越会增强对组织的认同感（Dutton et al.，1994）。

组织内部团队与外部团队竞争界限越分明，内部团队的组织认同感越强（Ashforth & Mael，1989），比如外部人士如客户或股东的正面评价，会增强员工对组织的认同（Mael & Ashforth，1992）。相反地，组织内部良性的激烈竞争则会降低组织认同感，降低组织凝聚力，表现出组织认同的消极作用。其他组织因素，如组织公平知觉能正向影响组织认同（Lind et al.，1988，1992；Tyler et al.，1996）；心理契约违背会降低组织认同（Kreiner & Ashfiorth，2004）；变革型领导能正向影响组织认同（Epitropaki，2003）；上级支持能影响组织认同（Benkhoff，1997a）；职业进步与实现的机会能正向影响组织认同（Brown，1969；Lee，1971）等。

个人因素，影响组织认同的个人因素包括任职年限、成员新鲜感、有联系的组织数量、拥有导师（existence of mentor）的人口学特征和个人因素有关的满意度、感伤度（sentimentality）、人格特征等个体特征和特质，以及个人文化与价值观。

在人口学特征方面，比如任期时间越长，组织认同感越高；与导师关系越亲近或者对本职工作越满意，越会增加组织认同感（Hunt et al.，1983）。但是组织认同也存在负面效应，比如成员的新鲜感（recency of membership）越高，成员归属感也越高，但时间一久这种归属感会逐渐衰减；如果个体同时对多个组织有组织认同的情况，那么会导致组织认同模糊甚至削弱。研究表明随着任职的"蜜月期"过后，组织认同效应会递减（Bartel，2001）。

在个体特征和特质方面，如感伤度高，则个体对组织认同的持久性更高（Best & Nelson，1985）。外倾性人格对组织认同有正向影响，神经质人格对组织认同有负向影响（Johnson et al.，2005）。个体对成功和努力的感知越高，认同组织感越高（Reade，2001）。

在个人文化与价值观方面，研究证明共同的语言、相似的文化、历史、信仰等让人们更具吸引力和黏合力（Manstead & Hewstone，1996）。组织文化的"团队合作""道德""信息流""参与""监督""会议"6个维度与组织认同有显著相关（Schrodt，2002）。良好的人际关系和类似的价值与信仰，有助于提升组织认同（Brown et al.，1986）。组织认同的影响因素汇总如表2-15所示。

表2-15 　　　　　　　　　　　组织认同的影响因素汇总

类别	影响因素	提出者（年份）
组织因素	组织声誉；组织特色；组织外部竞争；组织内部竞争；传统因素（人际作用、相似性、喜爱、邻近性、共享目标或威胁、沟通氛围、共同的历史等）；上级的支持；变革型领导；组织公平；职业进步的机会及实现等	梅尔和阿什福思（1992）；伊耶等（1997）；杜克里奇等（2002）；里德（2001）；斯米茨（2001）；达顿等（1994）；阿什福思和梅尔（1989）；梅尔和阿什福思（1992）；利德等（1988，1992）；泰勒等（1996）；克赖纳和阿什福思（2004）；埃皮塔基（2003）；本霍夫（1997a）；布朗（1969）；李（1971）
个人因素	任职年限；成员新鲜感；有联系的组织数量；拥有导师；满意度；感伤度；人格特征；个性；"大五人格"中的外倾与神经质；个人感受；具有相似的态度，价值和信仰；共同的语言、文化、历史信仰；组织文化的团队合作、道德、信息流、参与、监督、会议；积极的人际关系	亨特等（1983）；巴特尔（2001）；巴塔查里亚等（1995）；贝斯特、纳尔逊和约翰逊等（2005）；里德（2001）；施罗特（2002）；布朗等（1986）

资料来源：由笔者整理。

2.5.4　组织认同的影响

从内部整合和外部适应两个方面分析组织认同结果变量，可以将其分为个体层面和组织层面。

（1）内部整合的个体层面。

内部整合是指组织对内部的同化整合（identification aggregation）。从内部整合的个体层面看，组织认同是有利的，它确保成员甚至在没有监督的情况下，做出符合组织利益的决策。组织认同越高，组织内部成员的合作意图就越高，组织公民行为越明显（Dukerich，2002）。组织外部声誉感知（perceived external prestige）越高，可以提升组织认同需求，从而降低显著离职意愿（need for organizational identification）（Mignonac et al.，2006）。生涯认同与团队认同对工作满意度有显著的正向影响（Dick，2004）。高组织认同感有助于组织公民行为和增强合作态度，从而提高工作满意度，降低离职意愿。但是，当组织成员有多重组织认同且相互发生冲突时，将导致组织认同模糊甚至失效（Pratt & Foreman，2000），这是组织认同的消极影响，需要引起重视。

从内部整合的组织层面看，由于组织认同促进成员产生与组织命运相关的感受，提升了团队凝聚力，从而会增进组织表现（Kreiner & Ashforth，2004）。组织认同结果效应包括内部决策、工作态度和动机、工作满意度等多个层面的影响（Cheney，1983），有时因组织认同的"认定模糊"（identity ambiguity），导致员工对组织认同的多重解释（Corley & Gioia，2004），改变原先的认定宣示内容，将导致成员对组织认同的忧虑和抵制（Humphreys & Brown，2002）认定宣示是确保成员自我定义连续性的重要保证，一旦个体对组织或团体产生认同，将去个人化，形成内团体偏私行为，在组织内表现出更多的组织公民行为（Tajfel，1979；Turner，1987）。

（2）外部适应。

外部适应是指组织根据外部情况产生的适应性组织认同（situated identification）。

从外部适应角度看，组织认同与成员承诺和持股者承诺存在显著相关关系，外部对组织认同和对组织合法性的认同，对提升组织业绩和竞争力都有影响（Elsbach，1994）。当能够根据外部情况及时调整并产生适应性组织认同（situated identification）时，将具备明显的组织认同竞争优势（identity-based advantages）（Fiol，2002）。相反，当内部组织认同发生多重认同或冲突时，会被外界认为公司管理混乱或内部利益冲突，导致公司的合法性受到质疑（Scott，2000）。当组织进行变革时，往往会受到来自外部对组织认同变革的认同压力，为此，组织必须通过内外部的差距管理来维护组织形象，维护组织认同，以凝聚内外部力量，实现组织的新目标（Gioia et al.，1996）。组织认同的影响汇总如表2-16所示。

表2-16　　　　　　　　　　组织认同的影响汇总

类别	变量	代表人物（年份）
内部整合的个体层面	有利方面：组织公民行为；合作意图；低离职意愿；团队认同；高满意度	杜克里奇（2002）；米格纳克等（2006）；迪克（2004）
	不利影响：多重认同发生冲突时，会变得迷惑和犹豫	普拉特和福尔曼（2000）
内部整合的组织层面	有利方面：好的组织表现；组织内的决策、工作态度、动机、工作满意、工作表现、目标达成等；去个人化；较多的合作行为、较多的与组织对手竞争的动力以及较多的组织公民行为	克赖纳（2003）；汉弗莱斯和布朗（2002）；泰弗尔（1978）；特纳（1987）
	不利影响：认定模糊；忧虑和抵制	科利和乔亚（2004）
外部适应	有利方面：成员承诺；持股者承诺；组织业绩；适应性组织认同；形成以组织认定为基础的竞争优势	埃尔斯巴赫（1994）；菲奥尔（2002）；焦亚等（1991，1996）
	不利影响：组织间冲突，会失去合法性	斯科特（2000）

资料来源：由笔者整理。

2.6 道德气氛

越来越多的人相信，组织是社会的行动者，对其员工的道德或不道德的行为负责。这一趋势反映在针对公司的法律判决的基础上（Clinard & Yeager，1980），以及社会对"公司犯罪"的反应上（Cullen et al.，1987）。

2.6.1 组织道德气氛的概念和内涵

组织道德气氛（organizational ethical climate），又译为组织伦理气氛。组织道德氛围概念是由穆舍（Mushy）等最早提出的，他们认为组织道德氛围是影响成员道德行为的重要因素，是一种通过伦理标准解决问题并采取符合伦理行为而带来的长期的体验和感受（Trevino，1986），是某个组织与其他组织得以区分的、相对稳定并且持久的内部环境（Victor & Cullen，1987）。道德气氛是指组织内部对什么是道德正确的行为以及如何处理道德问题的普遍感知（Victor & Cullen，1987），它由员工对包含道德内容的一般组织实践和程序的感知（Victor & Cullen，1988）组成。当采用某种标准的道德进行推理和决策时，就会自然而然地产生道德气氛。学者对道德气氛有较多的定义，比如道德气氛是员工对一个组织处理道德问题的普遍准则的共同知觉（Cohen，1998）；是对组织内支持和期望的道德政策、实践和程序的认识知觉（Dickson et al.，2001）；是员工对价值观、规范和行为在社会系统成员中普遍存在的共享内容和强度的感知（Arnaud，2010）；是指组织成员对内部道德倾向的认知，使员工清楚地知道哪些行为是允许的，哪些行为是禁止的（朱颖俊和黄瑶佳，2011）；是组织内部成员对行为是否符合道德准则以及如何解决道德困境的一种体验和认知（王雁飞和朱瑜，2006）；是组织成员在面对他人和组织的工作情境中做出决策时所采用的主导思维方式（刘文彬和井润田，2010）；道德推理是一种在组织中指导员工行为的道德推理的主要模式；是一种在组织中引导员工行为的占据主导地位的道德推理模式（张四龙和李明生，2013）。勒默加德和劳里德森（Lemmergaard & Lauridsen，2008）认为道德气氛也是一种工作气氛（work climate），它代表了如何解决道德问题的规范，也代表了员工对具有道德内容的实践和程序的感知。

因此，道德气氛主要强调了在组织内部占主导地位的共同的道德标准的共享知觉和道德逻辑推理模式，引导员工要按照组织道德要求做出道德行为。组织道德气氛的相关定义汇总如表 2 - 17 所示。

表 2 - 17　　　　　　　　组织道德气氛的相关定义汇总

提出者（年份）	定义
穆舍等	组织道德氛围是影响成员道德行为的重要因素
特维诺（1986）	对符合伦理的行为和解决问题的方式的长期感受，直接影响组织成员伦理行为
维克多和卡伦（1987，1988）	组织内部"对什么是道德上正确的行为和如何处理道德问题的共同的知觉"，是由员工"对含有道德内容的一般的组织实践与程序的通行的知觉"构成
科恩（1995）	员工对组织处理道德问题的通行规范的共同知觉
迪克逊等（2001）	对组织内部奖励、支持和期望的有关道德规范的政策、实践和程序的感知，以便和其他形式的气氛（如服务气氛、创新气氛）表述一致
勒默加德和劳里德森（2008）	一种工作气氛（work climate），代表了有关道德问题如何解决的规范，也代表着员工对具有道德内容的实践和程序的感知
阿诺德（2010）	指员工有关某个社会系统中成员通行的价值观、规范和行为的内容和强度共享的知觉
朱颖俊和黄瑶佳等（2011）	指组织中的成员对组织内部伦理动向的认知，使员工明确知道哪些行为是允许的，哪些行为是被禁止的

续表

提出者（年份）	定义
王雁飞和朱瑜（2006）	组织内部成员对哪些是符合道德规范的行为，以及面对道德困境应如何解决的一种体验和认知，这种认知会影响员工在组织中的道德行为以及个体对待伦理问题的态度和信念，最终将会影响到整个组织的道德行为
刘文彬和井润田（2010）	为组织成员在工作情境中面对他人和组织进行决策时所采用的主导性思维模式，这种思维模式会从整体上影响个体对待与伦理有关的问题的态度、信念、动机和行为
张四龙等（2013）	是引导员工行为的、在组织内部占主要地位的一种道德推理模式

资料来源：由笔者整理。

2.6.2 组织道德气氛的维度与测量

迄今为止，出现了四种道德气氛理论框架，相应地，也出现了四种测量工具。

（1）道德气氛连续体（MCC）。道德气氛连续体（moral climate continuum，MCC）模型，包括目标重点、方法重点、奖励导向、任务支持和社会情绪支持 5 个维度，是由科恩（Cohen，1998）提出的。他认为道德气氛连续体的一端是道德气氛，可促进道德行为，另一端则是不道德气氛，不会促进道德行为，但不清楚连续体中间的位置可以根据什么维度来确认，也没有实证验证结果。

（2）组织道德气氛（OEC）。施韦普克等（Schwepker et al.，1997）提出的组织道德气氛（organizational ethical climate，OEC）是一个单一维度的共 7 个题项的量表，用于测量道德气氛对销售人员的影响。巴宾等（Babin et al.，2000）开发了一份有四个维度的共 16 个题项的量表，其中的维度和题项涉及责任或信任（responsibility/trust）的有 4 个题项、涉及同事行为（peer behavior）的有 6 个题项、涉及道德规范（ethical norms）的有 3 个题项、涉及销售实践的（selling practices）的有 3 个题项，该量表也只针对销售或服务岗位的人员测评。

（3）工作道德气氛（EWC）。工作道德气氛理论是由道德标准维度和分析层次维度交互形成的。维克托和卡伦（Victor & Cullen，1987）根据道德标准维度设置了"自利（egoism）、仁慈（benevolence）和原则（principled）"三个标准，再根据分析层次（level of analysis）维度设置"个人（individual）、集体或组织（local）和社会（cosmopolitan）"三个层次，交互后形成了"3×3"的9种道德气氛即自我利益、友谊、个人道义、公司利益、团队利益、规则和经营程序、效率、社会责任以及法律和专业规范（Victor & Cullen，1988）。9种组织气氛类型如表2-18所示。在实证研究中发现了常见的5种道德气氛类型，主要有工具型、关爱型、独立型、规则型和法律与标准型等，如表2-19所示，其中，获得实证验证最多的有工具型、关爱型、规则型道德氛围（刘文彬和井润田，2010）。

表 2-18　　维克托和卡伦（1987）提出的 9 种组织气氛类型

道德标准	分析层面		
	个人	集体	社会
自利	利己	公司利润	效率
仁慈	友谊	团队利益	社会责任
原则	个人道德	公司规则与秩序	法律与行业标准

资料来源：由笔者整理。

表 2-19　　实证研究中 5 种常见的道德气氛类型

道德标准	分析层面		
	个人	集体	社会
利己	工具型		
仁慈	关爱型		
原则	独立型	规则型	法律与规范型

资料来源：由笔者整理。

为此，维克托和卡伦（Victor & Cullen，1987）在1987年开发了第一份道德气氛问卷（ethical climate questionnaire，ECQ），其包括6个维度的共25个题项；又在1988年开发了第二份ECQ问卷，其包括5个维度的共26个题项；卡伦和维克托（Cullen & Victor，1993）在1993年开发了第三份ECQ问卷，其包括7个维度的共36个题项。具体如表2-20所示。

表2-20　　　　　理论上存在的道德气氛类型与实证研究
识别到的道德气氛类型比较

类型	年份	道德气氛								
理论类型	1987	利己	公司利润	效率	友谊	团队利益	社会责任	个人道德	公司规则与程序	法律与行业标准
实证类型	1987	工具		效率	关爱			独立	规则	职业
	1988	工具			关爱			独立	规则	法律与标准
	1993	工具		效率	关爱		社会责任	独立	规则	法律与标准

资料来源：由笔者整理。

五种道德气氛中关爱型气氛最受员工欢迎（Koh & Boo，2001；Cullen et al.，2003），工具型道德气氛最不讨人喜欢（Flannery & May，2000；Cullen et al.，2003）。第一种，关爱型道德气氛。在关爱型道德气氛下，员工会坦诚相待，关心彼此的利益，个体认为决策首先应该关注他人利益，同时也会关心受自己伦理决策影响的其他人的利益和组织。在关怀的道德氛围中，员工会诚实地对待彼此及其利益。个体认为自己在作决策时首先要考虑他人的利益，同时也要考虑自己的道德决策对他人或组织的利益是否会受影响。关爱型气氛的基础是仁慈理论，或者是工具主义，支持员工关心他人利益。第二种，法律和行业法规型道德气氛。员工行为都要以法律、规范制度以及行业准则为依据，这些外部准则支配着员工在组织环境中的道德决策和行为。第三种，规则型道德气氛。特别强调员工应严格遵循公司的规章或规定，这些规则是员工道德决策的依据。第四种，工具型道德气氛。在这种气氛下，员工以自我为中心的利己主义者行为，其决策主要为组织或个人利益服务（Wimbush & Shepard，1994）。第五种，独立型道德气氛。组织成员根据个人道德原则进行决策，几乎不受组织内部道德规范或外部制约的影响，员工个人的道德判断能力和行为受个人价值理念和信仰以及公认的道德原则影响。

目前，维克托和卡伦的道德气氛理论和其开发的道德气氛量表（ECQ），使用最为广泛，也最为成熟（Martin & Cullen，2006；Fritzsche，2000）。

（4）心理过程模型（PPM）。心理过程模型（the psychological process model，PPM）是道德气氛理论其中一个理论。该理论是由阿诺德（Arnaud，2010）提出的，它以雷斯特（Rest，1986）的四成分道德决策模型为基础，四成分道德决策模型包括集体道德敏感性（empathetic concern）、集体道德动机、集体道德品质和集体道德判断等。阿诺德（Arnaud，2010）开发了含6个维度共36个题项的道德气氛指数（the ethical climate index，ECI）。不过该模型的合理性和有效性有待进一步检验。组织道德气氛的量表和维度汇总如表2－21所示。

表2－21　　　　　　　　　　组织道德气氛的量表和维度汇总

提出者（年份）	量表名称	维度
科恩（1998）	道德气氛连续体（MCC）	5个维度，包括目标重点、方法重点、奖励导向、任务支持和社会情绪支持
施韦普克等（1997）	组织道德气氛（OEC）	6个维度，即责任或信任、同事行为、道德规范、销售实践，共16个题项。该量表主要针对市场从业人员

提出者（年份）	量表名称	维度
维克托和卡伦（1987，1988，1993）	道德气氛量表（ECQ）	依次有 1987 年版 6 个维度 25 个题项；1988 年版 5 个维度 26 个题项；1993 年版 7 个维度 36 个题项，以工具型、关爱型、独立型、规则型和法律与标准型 5 个维度为主
阿诺德（2010）	道德气氛指数（ECI）	6 个维度，即集体道德敏感性（道德意识、移情关注）、集体道德判断（关注自己、关注他人）、集体道德动机、集体道德品质，共 36 个题项

资料来源：由笔者整理。

2.6.3 组织道德气氛的影响因素

关于组织道德气氛的前因变量，大致可以分为环境、组织和个体三个层面。

2.6.3.1 环境层面的因素

环境层面的因素主要有社会文化、行业类型以及其他环境因素。

（1）社会文化。

不同的国家和地区，有不同的文化、社会规范和道德价值观，会影响组织处理道德问题的标准和分析层次，从而影响组织道德气氛。德什潘德等（Deshpande et al.，2000）发现在俄罗斯，规则型气氛最为普遍，而独立型气氛出现的可能性最小。帕伯替阿等（Parboteeah et al.，2005）检验了日本和美国民族文化对会计组织道德气氛的影响，发现美国员工对友谊型、团队利益型和法律与行业标准型的气氛感知更强。不同的国家和地区具有不同的文化、社会规范和道德价值观，这将影响组织处理道德问题的标准和分析水平，从而影响组织的道德氛围。

（2）行业类型。

研究发现行业类型会影响其道德气氛，不同行业组织所主导的道德气氛是不同的。比如非营利组织的董事会更具有"关爱型"组织道德气氛，而营利组织的董事会更具有"自利型"组织道德气氛（Brower & Shrader，2000）；非营利部门和政府部门更具有关爱型道德气氛（Malloy & Agarwal，2010）。

（3）其他环境因素。

环境不确定性、风险等其他环境因素都会影响组织道德气氛（Weber & Gerde，2011）。

2.6.3.2 组织层面的因素

组织层面的影响因素主要包括组织文化与历史、组织结构、组织性质、组织实践以及组织的其他因素。

（1）组织文化与历史。

一个组织所有的是非价值观会影响伦理氛围的内容和过程，组织历史会通过公司过去如何处理伦理问题的文化故事影响伦理氛围的形成（Dickson et al.，2001）。

（2）组织结构。

社会规范、组织形式和特定因素（如历史和个体特征等）等会影响组织道德气氛（Victor & Cullen，1988），不同部门的工作性质、价值观念和行为模式等构成了道德亚气氛（ethical sub-climate），上述不同元素占支配地位的道德气氛都可能存在明显不同（Wimbush et al.，1997）。相对于结果导向的组织，行为导向和职业导向的组织会有更积极的道德气氛。

（3）组织性质。

有研究发现全服务酒店和经济型酒店以仁慈标准气氛为主（Up-church et al.，1996），而简易旅馆和乡村客栈则以工具型道德气氛为主

（Upchurch，1998），家族企业关爱型气氛占主导地位，非家族企业则是法律与标准型占主导地位（Duh，2010）。

（4）组织实践。

组织道德气氛会受到"组织利益相关者管理策略（Morris，1997）""道德培训""实施道德准则（Schwepker & Hartline，2005）""沟通与授权""员工偷窃（Weber et al.，2003）""组织规模和企业新颖度（firm newness）（Neubaum et al.，2004）"，以及"组织并购（Mansfield，2004）"等因素的影响。研究发现员工沟通与规则型道德气氛呈显著正相关关系（Parboteeah et al.，2010）。

2.6.3.3 个体层面的因素

个体层面的影响因素主要有组织领导和员工个体特征。

（1）组织领导。

领导者可以通过不同的机制来传递价值观和组织期望，最终影响组织道德气氛的形成（Grojean et al.，2004）。领导者如何塑造和强化组织道德气氛（Sims & Brinkman，2002）是值得研究的。组织道德气氛的产生会受包括领导者人口学特征、性格特征、领导与员工的关系、领导类型（Sagnak，2010）等领导因素的影响（Forte，2004；张四龙，2013）。比如有研究发现变革型领导的所有维度和关爱型、规则型和法律与标准型道德气氛都呈正向关系，并且和关爱型气氛的关系最强（Sagnak，2010）。

（2）员工个体特征。

研究发现个体的价值观及道德认知水平对组织道德气氛有显著正向影响（Weeks，2006）；相对于男性，女性对组织道德气氛的内涵期望更高（Dawson，1992；Luthar et al.，1997）；个人伦理教育越多，对组织道德气氛要求和希望也越高（Luthar et al.，1997）；组织的道德氛围作为组织道德品质的共同感知，会通过领导者自身的价值观和信念将其道德价值观和期望传播到整个组织，从而影响组织道德氛围的形成。

总之，无论从环境、组织还是个体层面分析，组织道德气氛的形成都会受多种因素影响。组织道德气氛的影响因素汇总如表2－22所示。

表 2－22　　　　　　　　　　组织道德气氛的影响因素汇总

层面	前因变量	代表人物
环境层面的因素	社会文化，如文化、社会规范和道德价值观、民族文化；行业类型，如营利性组织、非营利性组织和政府部门；其他环境因素，如环境不确定性、所处环境的风险	德什潘德等（2000）；帕伯替阿等（2005）；布劳尔和施雷德（2000）；马洛伊和阿加瓦尔（2010）；韦伯和耶德（2011）
组织层面的因素	组织文化；组织历史；社会规范；组织形式；特定的企业因素；工作性质；价值观念；行为模式；行为导向；职业导向；组织性质；组织利益相关者管理策略；实施道德准则；道德培训；沟通与授权；组织并购；员工偷窃；组织规模	迪克逊等（2001）；维克托和卡伦（1988）；温布斯等（1997a）；维伯克等（1996）；厄普丘奇等（1995）；厄普丘奇（1998）；杜赫（2010）；莫里斯（1997）；施韦普克和哈特兰（2005）；曼斯菲尔德（2004）；帕尔波提亚等（2010）；韦伯（2003）；纽鲍姆等（2004）
个体层面的因素	（1）组织领导。领导者价值观和期望；领导的人口学特征，如性别等；领导者的道德发展和诚实正直等性格特征；领导类型；领导与员工的关系等。（2）员工个体特征。性别；商业伦理教育；个体道德价值观及其道德认知发展；自身的价值观和信念	格罗琴等（2004）；西姆斯和布林克曼（2002）；福特（2004）；萨格纳克（2010）；张四龙（2013）；道森（1992）；卢瑟等（1997）；威克斯（2006）

资料来源：由笔者整理。

2.6.4　组织道德气氛的影响

组织道德气氛的影响主要从个体、团队和组织三个层面展开，其中主要以个体方面的研究为主，对团体和组织层面的研究相对较少。

2.6.4.1　道德气氛对个体层面的影响

（1）对员工工作态度和情感的影响。

研究发现员工的工作态度和行为不仅受组织环境的影响，还受其对整个组织的共同认知的影响。如果一个员工在一个有良好道德氛围的组织中，那么员工的行为就会更有道德，离职率也会更低。道德气氛的不同类型对工作满意度存在不同的影响（Elci & Alpkan，2009；Goldman & Tabak，2010；Tsai & Huang，2008；Wang et al.，2012）。比如仁慈主义型道德气氛对工作满意度有显著正向影响，利己主义型道德气氛对工作满意度有显著的负向影响（Floyd et al.，2011）；关爱型和规则型道德气氛对工作满意度有显著的正向影响，工具主义道德气氛对工作满意度有显著的负向影响；组织道德气氛对组织承诺有显著的正向影响（Ambrose et al.，2008；Cullen et al.，2003；DeConinck，2010）；关爱型、独立型、规则型以及法律和行业法规型道德气氛对情感承诺和规范承诺有显著正向影响，对持续承诺有显著负向影响（Tsai & Huang，2008）。

还有研究发现道德气氛与员工信任、组织认同等态度及情感相关的变量也有关系（DeConinck，2011；张四龙等，2013，2014）。

（2）对员工行为的影响。

组织道德气氛是组织内部成员对哪些是符合道德规范的行为，以及面对道德困境应如何解决的一种体验和认知，势必会影响到员工的行为。法律与标准型、关爱型和工具型道德气氛可降低员工的不当行为（Vardi，2001）。道德气氛强度越高越能抑制员工的不道德行为，而消极的道德气氛则会增强员工的不道德行为（范丽群和石金涛，2006）。有研究发现在诚实道德气氛下人们最可能表现出诚实，而在竞争气氛下最可能表现出不诚实（Stawiski et al.，2009）。根据厦门、泉州等6个城市的30多家企业的356个样本调查发现自利导向、关爱导向和规则导向的组织道德气氛会对员工的反生产行为产生影响（刘文彬和井润田，2010）。此外，道德气氛与组织公民行为（Leung，2008；张四龙等，2014）、信息伦理行为（朱颖俊和黄瑶佳，2011）和举报（Roth-well & Baldwin，2007）等相关，如关爱型道德气氛和规则型道德气氛能正向影响组织公民行为（张四龙等，2014），独立判断导向道德气氛和功利导向道德气氛分别与信息伦理行为呈正相关和负相关（朱颖俊和黄瑶佳，2011）。

（3）对工作绩效的影响。

研究发现组织道德气氛对工作绩效产生影响。组织道德气氛可通过影响程序公平与分配公平对任务绩效和关系绩效产生影响（Grojean et al.，2004）；对美国销售员工的调研发现组织道德气氛可通过质量承诺和组织承诺间接影响工作绩效（Weeks et al.，2004）；针对 20 家饭店的 274 名顾客调研发现酒店道德气氛能正向影响员工服务绩效（Luria & Yagil，2008）；对中国保险公司的 476 名员工的调研发现关怀型道德气氛能直接正向影响工作绩效，还可以通过工作满意度和组织承诺这两个中介变量间接工作绩效（Fu & Deshpande，2014）。

2.6.4.2　对团队和组织的影响

研究表明组织道德气氛对团队层面有影响，如仁慈道德气氛越浓厚越可促进团队工作（Rathert & Fleming，2008）。研究还表明，组织道德气氛与组织层面的相关结果有关（Flannery & May，2000；赵立，2011；Laratta，2011），如仁慈标准气氛和利己标准气氛分别对企业风险倾向有显著的正向影响和负向影响（Saini & Martin，2009）。对 84 家中小企业的 785 名员工调研发现组织道德气氛能直接预测组织绩效（赵立，2011）。可见，组织道德气氛与团队层面的包括工作满意度、组织承诺、道德与不道德行为等结果变量相关。道德气氛的影响变量汇总如表 2 - 23 所示。

表 2 – 23 道德气氛的影响变量汇总

层面	结果变量	代表人物
个人	（1）对员工工作态度和情感的影响。员工的工作态度和行为；工作满意度；组织承诺；情感承诺；规范承诺；持续承诺；情感反应；员工信任；组织认同。（2）对员工行为的影响。不当行为；道德和不道德行为；诚实和不诚实；反生产行为和亲社会行为；组织公民行为；信息伦理行为；举报。（3）对工作绩效的影响。工作绩效；任务绩效；关系绩效；服务绩效；组织承诺	埃尔奇和阿尔普坎（2009）；高曼和塔巴克（2010）；蔡和黄（2008）；王和谢地（2012）；弗洛伊德等（2011）；谢地（2012）；安布罗斯等（2008）；卡伦等（2003）；德康宁克（2010，2011）；张四龙等（2013，2014）；瓦尔迪（2001）；范丽群和石金涛（2006）；斯塔维斯基等（2009）；刘文彬和井润田（2010）；莱昂（2008）；朱颖俊和黄瑶佳（2011）；罗思韦尔和鲍尔温（2007）；格罗琴等（2004）；威克斯等（2004）；卢里亚和亚吉尔（2008）；付和德什潘德（2014）
组织和团队	团队；团队工作；企业风险；组织绩效；工作满意度；组织承诺；道德与不道德行为；工作绩效	拉瑟特和弗莱明（2008）；弗兰纳里和梅（2000）；帕德龙等（2008）；赵立（2011）；拉瑞塔（2011）；萨伊尼和马丁（2009）

资料来源：由笔者整理。

第3章

理论模型与研究假设

3.1 道德型领导与心理幸福感的关系

规则行为导向的领导风格和关爱行为导向的领导风格与员工工作幸福感和心理所有权均存在显著的相关（杜海媚，2013）。员工幸福感是员工在长期工作过程中感知和体验到的自我实现的工作意义和潜在成就感（张兴贵、罗中正和严标宾，2012）。认知和情绪是衡量员工幸福感最常用的指标。认知指标衡量是员工在工作领域和其他生活领域中长期积累产生的具有相对稳定属性的认知得分，包括工作满意度、工作能力、工作抱负、工作认可和生活满意度（Page & Vella – Brodrick，2009；Van Horn et al.，2004）。情绪指标是指人与事物在工作场所中的一系列情绪反应，如兴奋、愤怒、快乐、沮丧等（Page & Vella – Brodrick，2009）。可见，员工的认知和情绪是影响员工心理幸福感的影响因素，而员工的幸福感受工作情境的影响较大，工作情境直接影响员工的态度和行为。

道德型领导可以改善下属积极工作的态度和行为，如通过道德环境感知、自我效能感、道德行为、组织承诺和建言等方式（Bedi et al.，2016）。从下属的角度来看，积极的工作态度和行为可以增加工作幸福感（王荣，2017）。本书基于不确定性管理理论，指出绩效通过增强下属的"回报的确定性感"和"领导接受的确定性感"来提高工作幸福感。道德型领导对员工幸福感的提升具有显著的正向影响（郑晓明和王倩倩，2016）。道德型领导者可以通过提高员工的信任来增强工作融入并缓解情绪耗竭（Chughtai，Byrne & Flood，2015）。此外，魅力型领导有助于提高员工的工作满意度（Rowold & Heinitz，2007）；信任、授权和共情等领导行为有利于提高员工幸福感，而粗鲁和不尊重则会降低员工幸福感（Einarsen，Aasland & Skogstad，2007）。通过 meta 分析方法发现"管理者—下属"关系对员工组织承诺有显著正向影响（Gerstner & Day，1997）。高质量的上下级关系有利于提高下属的心理幸福感（Van Vianen，Shen & Chuang，2011）。"主管—下属"匹配可通过"主管—下属"交换正向影响员工幸福感（张征，2016）。有道德的领导者可以通过影响员工的情绪来直接或间接地影响员工的幸福感（Bono & Ilies，2006）。道德标准较高的道德领导者被认为更尊重员工的权利和尊严，更有可能拥有积极的幸福感。

本书采用瑞夫心理幸福感量表，其包含 6 个维度：良好的人际关系（positive relations with others）、个人成长（personal growth）、自主权（autonomy）、环境控制（environmental mastery）、生活目的（purpose in life）和自我接受（self-acceptance）。其中，在评价良好人际关系方面：高分者认为自己拥有和谐真诚的人际关系，关心他人利益，拥有亲密的朋友关系，能够相互理解和给予；低分者缺乏亲密真诚的人际关系，对他人不开放，感到孤独和沮丧，不愿意为了维持与他人的重要联系而妥协。在评价个人成长方面：高成就者认为他们在不断成长的过程中，希望实现自己的潜力，在知识和效率上做出新的改进。得分低的人，感觉停滞不前，无法看到自己随着时间的推移取得的进步，也无法在心理和行为上取得新的发展。综上所述，我们认为道德型领导对心理幸福感有显著的积极影响。本书提取了瑞夫心理幸福感变量中的"良好的人际关系（PR）"和"个人成长（PG）"两个维度，进一步探讨道德型领导与心理幸福感之间的关系。

因此，本书提出以下假设：

假设 H1：道德型领导对心理幸福感有显著的正向影响。

假设 H1a：道德型领导对良好的人际关系有显著的正向影响。

假设 H1b：道德型领导对个人成长有显著的正向影响。

3.2 道德型领导与心理所有权的关系

心理所有权主要是指员工对目标所有权的心理感知，是通过对工作和组织建立深刻的所有权和控制感而形成的。如果组织满足了员工对"家"（归属感）、自我效能感和自我认同的基本需求，就会促进员工拥有心理所有权。领导作为一个重要的组织情境因素，对心理所有权有重要的影响（Pierce et al.，2004）。领导者连接着组织和员工（Konczak et al.，2000），影响着员工心理所有权。组织是一个抽象概念，无法与员工直接沟通与交流，只能通过组织的"代理人"领导者来传达信息和沟通。员工通过领导沟通与交流才能知道组织对自己的看法和评价，建立自己的身份。因此，领导与下属关系密切，领导对下属的关心和支持，在一定程度上影响了员工对组织或领导的归属感。良好的上下级关系有助于缓解员工的紧张，感受到组织温暖，也有助于提高员工对组织的归属感，员工能够拥有更积极的工作态度，表现出更高的工作投入，期望更快地实现自我价值。领导因素对心理所有权的"输入"和"输出"有着重要影响（李锐和凌文辁等，2012）。道德领导者既是有道德的人，也是道德的管理者（Trevino et al.，2000）。道德型领导具有正直的魅力，以道德标准约束自己，以身示范，言行一致；他们也关爱下属，用道德标准约束下属的行为，及时奖励道德行为，惩罚不道德行为。根据社会学习理论，员工在学习和模仿领导者的过程中，会增加对领导者和组织的了解，投入更多的时间和精力重塑自己，使自己成为组织道德要求中的"道德型领导者"。类似地，如授权型领导可通过提升员工的自我效能感和自我认同直接或间接影响员工的"组织心理所有权"（organization psychological ownership，OPO）和"工作心理所有权"（job psychological ownership，JPO）（李燕萍等，2018）；变革型领导与心理所有权是正相关的（Avey et al.，2009）；由此可见，道德型领导可以增强员工对组织和工作的归属感，影响员工的心理所有权。

综上所述，我们预测道德型领导对心理所有权有显著的正向影响。同时，进一步探讨道德型领导与组织心理所有权和工作心理所有权之间的关系。因此，本书提出以下假设：

假设 H2：道德型领导对心理所有权有显著的正向影响。

假设 H2a：道德型领导对组织心理所有权有显著的正向影响。

假设 H2b：道德型领导对工作心理所有权有显著的正向影响。

3.3 道德型领导与组织认同的关系

领导者、员工和组织之间的心理联系形成了道德型领导的影响机制。道德型领导是利他主义者，一般具有诚实正直的品格。道德型领导不仅用道德标准来约束自己的行为，为下属或员工树立道德榜样，还会用同样的标准要求下属，并通过奖惩来建立和营造组织道德气氛或组织规范。同时，道德型领导还会表现出对下属的关心、公平、民主决策等行为。只要员工感知到道德型领导的高道德标准与行为，且组织道德规范与标准和自身价值观一致，那么员工的自豪感、忠诚感、归属感和持续的自我概念就会增强，从而产生组织认同。因此，有道德的领导者不仅可以通过向员工展示道德行为准则，来树立道德榜样，还可以按照诚信等道德规范，来协调组织的外部关系，建立良好的组织形象。在这样的组织中工作，员工可以感受到作为成员所带来的自尊和自豪感。因此，他们愿意通过自己的行为回归组织，这是员工对组织认同的体现。当道德型领导满足员工的归属感、自尊、情感支持和社会情感需求（Trevino et al.，2000），重视员工对组织的贡献并给予公平的奖励时，员工就会有较高的组织认同和组织承诺（芦青，2011）。同时，员工感知道德与组织认同显著相关（Schrodt，2002）；变革型领导中的伦理规范与组织认同呈正相关（李超平和时勘，2005），而道德规范与道德型领导存在一定的概念重叠；道德型领导对员工组织认同有显著的正向影响（王一任，2013；李根强，2016）。其他研究也发现，组织公平感可以改善组织认同。有道德的领导者会在组织中严格按照道德标准执行自己的行为，以公平和信任的方式对待下属，在组织中营造公平的氛围，进而改善下属的组织认同。

综上所述，道德型领导可以显著提高下属对组织的认同感。本书认为道德型领导可能对组织认同有影响。本书提出以下假设：

假设 H3：伦理型领导对组织认同有显著的正向影响。

3.4 组织认同与心理幸福感和心理所有权的关系

组织认同起源于社会认同，组织认同是个体和组织之间目标和价值观一致性形成的过程（Ashforth et al.，1989），组织的价值和规范被视为自我概念的一部分（Ashforth et al.，2008）。组织认同可以影响个体的心理，从而改变个体的工作态度和行为。组织认同的积极影响已经被学者们证实并普遍接受。已有研究证实组织认同对工作满意度、工作投入和工作绩效有正向影响（吴菲菲，2012）。组织认同会减少员工的压力和倦怠，让员工身心更加健康（Avanzi & Schuh，2015）。一般来说，组织认同较高的员工会将组织利益作为首要考虑因素，即使没有外部监督，他们也可以主动为组织的利益行事。

员工的组织认同越高，就越有可能主动保护组织的利益（Albert et al.，2000）。高组织认同的员工具有更强的信任和归属感，更容易做出符合组织利益的决策，更容易采纳组织提供的政策和措施，并对其心存感激，从而减轻工作压力（宝贡敏等，2006；张伶等，2014）。强烈认同组织的员工会将组织的目标视为自己的个人目标，这反过来会促使他们更加努力地工作以实现这些目标。组织认同将增加员工的参与度（Riketta，2005）。由此可见，组织认同能够积极影响员工的工作满意度、工作绩效、组织承诺，降低员工工作压力和倦怠，增强自我效能感和归属感，有助于组织内形成良好的人际关系氛围，也有助于员工的个人成长和自我价值实现。

综上所述，本书认为组织认同可能会对心理幸福感及其所包含的良好人际关系和个人成长产生影响。同时，也可能对心理所有权、组织心理所有权和工作心理所有权产生影响。本书提出以下假设：

假设 H4：组织认同对心理幸福感有显著的正向影响。

假设 H4a：组织认同对良好人际关系有显著的正向影响。

假设 H4b：组织认同对个人成长有显著的正向影响。

假设 H5：组织认同对心理所有权有显著的正向影响。

假说 H5a：组织认同对组织心理幸福感有显著的正向影响。

假设 H5b：组织认同对工作心理所有权有显著的正向影响。

3.5 组织认同的中介作用

组织认同是指个体对某个群体的归属感，或者是一种确定成员身份的状态，以及员工对组织的忠诚和归属感所表现出来的情感归属（Ashforth & Mael，1989）。研究发现组织在专业、个人和财务方面对员工的支持和关怀会促进员工对组织的认同（Morgan et al.，2004）。组织中领导与成员之间稳定和谐的关系，有利于员工组织认同的形成。组织认同不仅能揭示员工与组织之间的心理联系及其机制，而且能显著预测员工的工作态度和行为（Riketta，2005）。一方面，组织认同可以减少员工多重身份带来的模糊性，提高员工的目标意识；另一方面，组织认同可以满足员工自我完善的愿望，激励员工表现出积极的工作态度和行为，从而保持与组织的一致性。

员工的组织公平感知价值可以通过组织认同对情感承诺产生正向影响。组织认同可以增强员工与组织内其他成员的团队合作意识和行为，他们更容易表现出优秀的行为和更高水平的情感承诺（Brickson，2000）。组织认同可以帮助员工对组织产生积极的心理感受，有效地提高组织凝聚力，促进组织的健康发展，逐步提高组织成员认同，从而产生更高的工作满意度，增强员工的情感承诺（Pratt et al.，2006）。

道德型领导使员工感知到对组织的公平和肯定，进而转化为对组织的认可和情感依恋。道德型领导通过组织认同可以提高员工的心理幸福感。组织认同对员工的工作态度倾向和行为有显著影响，如组织情感承诺和组织公民行为（Bergami，2002）。从实现理论的角度来看，这些态度和行为有利于在组织内部建立"良好的人际关系"，创造"个人成长"的环境，有利于员工自我价值的实现。

现有文献对组织认同的中介机制进行了一些研究，如职业认同、自我效能感、心理契约等。同时，也证明了领导风格可以通过中介变量影响员工的态度和行为。有学者研究了职业认同的显著中介角色歧义对心理紧张的影响（Elovainio et al.，2001）。许龙等（Xu et al.，2017）对杭州部分 IT 企业的员工进行问卷调查，分析结果显示，组织公平感通过组织承诺正向影响员工的工作绩效。雷刚（Lei，2020）证实，心理契约在魅力型领导者的人文关怀和员工的工作满意度中起中介作用。

国内外相关研究已经证实，领导风格对员工工作态度的影响依赖于其他中介变量，如心理赋权、自我效能感、员工信任、"领导—成员"交换关系等。可以看出，当员工感知到组织中领导者的道德行为时，可以缩短员工与组织的心理距离，并通过增强组织认同促进员工对组织的情感承诺给予正向反馈（蒋丽芹等，2018）。这种积极的情绪反馈可以表达为心理幸福感或心理所有权等。因此，本书提出以下假设：

假设 H6：组织认同在道德型领导与心理幸福感之间起中介作用。

心理幸福感包含两个子假设：

假设 H6a：组织认同在道德型领导与良好人际关系之间起中介作用。

假设 H6b：组织认同在道德型领导与个人成长之间起中介作用。

假设 H7：组织认同在道德领导与心理所有权之间起中介作用。

心理所有权包含两个子假设：

假设 H7a：组织认同在道德型领导与组织心理所有权之间起中介作用。

假设 H7b：组织认同在道德型领导与工作心理所有权之间起中介作用。

3.6 关爱型道德气氛对道德型领导与组织认同关系的调节作用

组织道德气氛主要包括五个最常见的维度：关怀导向、自利、独立、规则导向和法律导向（Victor et al.，1988）。组织道德氛围是员工在伦理环境下对符合道德行为的组织实践和程序的普遍感知。组织道德氛围是影响员工道德行为的关键因素（Arnaud，2010），包括领导、领导类型等领导因素对组织道德氛围的影响（Sims & Brinkman，2002）。道德水平、诚实正直、领导类型等因素影响着关爱型道德气氛的形成。

本书以关爱型道德气氛为调节变量，研究其对道德型领导与组织认同关系的调节作用。

关爱型道德气氛鼓励员工按照善意原则做出行为决策，这是激励员工亲社会行为的重要因素（Chen et al.，2013）。关爱型道德气氛影响员工的组织认同，进而影响员工的心理幸福感，包括建立良好的人际关系和个人成长环境（Tsai & Huang，2008）。吴（Wu，2017）调查了248名保险公司员工，发现员工级别越高，道德氛围越容易影响销售行为。本书发现，员工的道德水平越高，越关心组织的道德环境是否与自己的道德认知相一致，更愿意在工作中表现自己的道德行为。关爱型道德气氛所倡导的关心他人利益，与道德型领导的诚信、正直、关心下属的特征，有部分内容重叠一致，在这样的双重作用下，必然会对员工的情绪和情感产生积极影响。关爱型道德氛围要求员工情绪表现不能仅基于自身利益考虑，还需考虑组织及他人利益，关爱氛围越强，员工情绪表现标准越高，对组织认同感越高。也就是说，关爱型道德气氛越高，道德领导对组织认同的水平越高，对建立组织内的人际关系越好，对员工的个人成长越有利，员工心理幸福感就越高，反之亦然。

领导者的价值观在制定政策法规和构建组织结构中起着决定性的作用（Dickson et al.，2001）。各级领导和管理者的道德发展不仅影响组织业务的形成和发展，而且为组织改进和重塑组织业务提供了重要的思维方式。施明克（Schminke，2005）指出关爱型道德气氛通过领导的道德认知和应用水平的传导影响员工的组织认同和组织承诺。道德型领导为员工树立了良好的道德榜样，无论是领导者的言行还是他的道德管理风格（黄静，2016）。一个领导者可以以一种值得信任的方式实践道德行为，为员工提供榜样，同时增强他们的归属感。关键是员工对组织的群体认同的承诺，支持关爱型道德气氛。因此，当一个领导者具有较高的道德水准时，员工就愿意增强他们对组织的认同感。同时，关爱型道德气氛也会影响员工对组织的认知。

对他人利益的关心创造了一个关爱型道德气氛。无论是管理层还是同事，都会考虑员工的利益，尽可能地满足员工的需求，以促进员工的最大利益。在经历了这种道德关怀之后，员工可能会对组织期望的行为作出回报（Leung，2008）。这种奖励可能表现为态度和行为的改变，如强化组织认同或组织承诺，从而影响员工情绪和心理上的积极反应，如组织心理所有权和工作心理所有权；或者员工可以在良好的人际关系和个人成长中体验快乐和幸福。根据社会学习理论，组织认同是领导者与其所处环境之间相互影响的过程。

由此可知，当关爱型道德氛围较强时，道德型领导会考虑大多数人的利益，强调团队决策的公平公正，注重与员工的互动沟通，鼓励员工发表意见参与管理，重视对领导和道德榜样的学习，组织成员会拥有更高的道德判断能力，个体对工作和组织有更强的责任感，更能以尊敬的态度对待他人，更具有主人翁精神，促进更高的组织认同。组织认同水平越高，组织成员的共同感知程度就越深，道德型领导越容易被认同，越容易形成道德氛围。而相对于低关爱型道德气氛，高关爱型道德气氛可能更容易增进道德型领导与组织认同之间的关系强度，由此，本书提出如下假设：

假设 H8：关爱型道德气氛对道德型领导与组织认同之间的关系起调节作用。

3.7 模型与假设

3.7.1 研究模型

根据社会学习理论强调的"行为、认知、环境"三者的交互决定论。个体既受到来自道德型领导的外在刺激，又要受到组织道德环境的影响，二者的相互作用影响自身对组织道德的认知，展现出不同程度的认同感、占有感、幸福感的情感体验和反馈。根据社会认同理论，一旦员工对其所在的组织产生认同感，将表现出显著的成员感和忠诚度，就会将自己的命运与组织联系起来，为了组织的利益牺牲自己的利益，能激发个体内在工作动机。根据加涅和德西（Gagné & Deci，2005）基于自我决定理论的工作动机研究模型中的其中一条"领导风格—工作动机—结果"路径（张春虎，2019）的推测认为，对高组织认同的个体在受到道德领导的外在影响后，激发了其内在的动机，会对个体的态度和行为或者情绪和心理产生积极影响，如心理所有权和心理幸福感。综上所述，本书提出以下总体假设模型（具体模型如图 3 - 1 所示）。

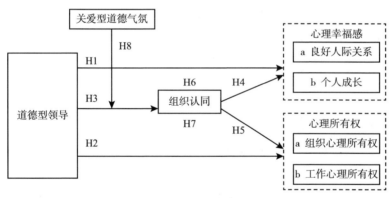

图 3 - 1　研究模型图

资料来源：由笔者绘制。

3.7.2　研究假设

本书以道德型领导为自变量，心理幸福感和心理所有权为因变量，关爱型道德气氛为调节变量，组织认同为中介变量。根据上述研究模型和理论推导，提出表 3 - 1 并汇总。

表 3 - 1   假设汇总

编号	假设内容
H1	道德型领导对心理幸福感有显著的正向影响
H1a	道德型领导对良好人际关系有显著的正向影响
H1b	道德型领导对个人成长有显著的正向影响
H2	道德型领导对心理所有权有显著的正向影响
H2a	道德型领导对组织心理所有权有显著的正向影响
H2b	道德型领导对工作心理所有权有显著的正向影响
H3	道德型领导对组织认同有显著的正向影响
H4	组织认同对心理幸福感有显著的正向影响
H4a	组织认同对良好人际关系有显著的正向影响
H4b	组织认同对个人成长有显著的正向影响
H5	组织认同对心理所有权有显著的正向影响
H5a	组织认同对组织心理所有权有显著的正向影响
H5b	组织认同对工作心理所有权有显著的正向影响
H6	组织认同在道德型领导和心理幸福感之间起中介作用
H6a	组织认同在道德型领导和良好人际关系之间起中介作用
H6b	组织认同在道德型领导和个人成长之间起中介作用
H7	组织认同在道德型领导和心理所有权之间起中介作用
H7a	组织认同在道德型领导和组织心理所有权之间起中介作用
H7b	组织认同在道德型领导与工作心理所有权之间起中介作用
H8	关爱型道德气氛对道德型领导与组织认同之间的关系起调节作用

第4章

研究设计与数据分析

4.1 研究设计

4.1.1 问卷设计原则与发放过程

本书根据博比（Bobby，2005）和荣泰生（2005）关于问卷设计的原则和要求设计问卷。首先，查找道德型领导、道德气氛、组织认同、心理幸福感和心理所有权等变量相关的文献和测量量表，明确各变量的操作性定义，并参考已有文献验证的较为成熟有效的测量项目。其次，与相关导师、专业老师和相关专家学者讨论，与研究企业的相关人员交流，完善相关题项表述，提高内容效度。最后，在没有任何解释的情况下，将问卷发送给不同工作级别的员工填写，然后询问他们对问卷的理解，征求他们的意见和建议，并进行小样本测试，形成初步测量问卷。

由于采用自陈式问卷获取的数据容易产生社会赞许偏差。社会赞许性（social desirability）会影响测量的信度和效度，需要加以控制。社会赞许性是指人们为获得他人的赞美、认可与接受而做出某些符合选择需要的行为的一种反应偏差。它包括印象管理和自我欺骗两个维度（Paulhus, 1986）。印象管理主要强调个体为了给他人留下好印象而有意识地对他人欺骗和掩饰自己的不足或缺陷；自我欺骗强调个体有悖于自身认知而选择符合社会或大众期望的正确的一种偏差反应，禁忌与敏感性、自我行为与社会规范的差异、压力感知和面子问题是社会认同偏差发生的主要原因和条件（韩振华和任剑峰，2002）。为确保被试的心理反应的真实性，本书采用匿名填写问卷的方式，研究人员亲自到现场分发问卷和答疑，问卷填写完毕后，被试所在的单位和领导不能经手问卷，直接由研究者现场回收，其中85%以上的问卷发放和回收均由本书笔者去现场完成，尽最大可能确保被试填写问卷时表达出真实感受。

问卷采用李克特量表（Likert scale）的七项评分方法。其中，"1"表示完全不同意，"7"表示完全同意。

4.1.2 测量工具

（1）道德型领导的测量及题项。

本书采用布朗等（Brown et al., 2005）开发的一维"道德型领导力量表"（ethical leadership scale），包括"我上司比较能聆听下属意见""我上司比较会约束违反道德规则的下属"等共10个项目，按顺序编码为EL1，EL2，…，EL10。布朗的ELS具有良好的信效度、文化适用性和操作实用性，被大量实证研究采用，具体如表4-1所示。

表 4 – 1 道德型领导量表

测量维度	题项	编码	来源
道德型领导	我上司比较能聆听下属意见	EL1	布朗等 (2005)
	我上司比较会约束违反道德规则的下属	EL2	
	我上司在私生活上也是德行很好的人	EL3	
	我上司非常注重下属想法	EL4	
	我上司的决策能平衡各方利益而且公正	EL5	
	我上司让我们有可信感	EL6	
	我上司会与下属讨论公司的经营道德与价值观	EL7	
	我上司在道德层面上对我们起到了模范表率作用	EL8	
	我上司认为评价一件事情的成功与否不能仅看结果，还要看它的过程	EL9	
	我上司在做决策时会考虑决策的得体与否	EL10	

（2）心理幸福感的测量及题项。

本书采用了瑞夫和凯斯等（1995）的六维模型量表。该量表是从健康人的心理理论中总结提炼出心理幸福感（psychological well-being）的 6 个维度（指标），包括自我接受、个人成长、生活目标、良好人际关系、环境控制、独立自主，其下包括"我与他人有温暖、满意、信任的关系""我关心他人的福利"等共计 20 个题项（详见附件：《心理幸福感量表》的调查问卷），按顺序编码为 WB1，WB2，…，WB20。根据本书的研究需要，本次研究只提取了其中的"良好人际关系"和"个人成长"两个维度进行测量。PR 按顺序命名并编码为 WB1，WB2，…，WB4；PG 按顺序命名并编码为 WB15，WB16，…，WB20，如表 4 – 2 所示。

表 4 – 2 心理幸福感量表

测量维度		题项	编码	来源
心理 幸福感	良好人际关系	我有很好的人际关系	WB. 1	瑞夫和凯斯 (1995)
		我对他人的幸福很感兴趣	WB. 2	
		我能感受到他人的爱情、亲密度和同感	WB. 3	
		我觉得人际关系是相互的	WB. 4	
	个人成长	我认为自己有持续成长	WB. 15	
		我认为自己成长了很多	WB. 16	
		对新的经验,我的想法比较开放	WB. 17	
		我有必须要做到的意志	WB. 18	
		我努力使自己发挥出潜在力	WB. 19	
		我努力使自己变为能理解和活用自己的人	WB. 20	

(3) 心理所有权的测量及题项。

本书采用皮尔斯、奥德里斯科尔和科格伦(Pierce,O'Driscoll & Coghlan,2004)开发的"心理所有权量表"(psychological ownership)。它有两个维度分别指向组织心理所有权(OPO)和工作心理所有权(JPO),其下包括"这个公司是我的公司""在这个组织里我能感受到我是公司的一员"等共 12 个题项,OPO 的命名和编码顺序为 PO1,PO2,…,PO6。JPO 的命名和编码顺序为 PO7,PO8,…,PO12。该量表以占有心理为基础,强调占有感,具有良好的信度和效度,被国内外研究者广泛使用,如表 4 – 3 所示。

(4) 组织认同的测量及题项。

本书研究的因变量为心理幸福感(PWB)和心理所有权(PO),主要关注情绪维度,因此,梅尔和阿什福斯(Mael & Ashforth,1992)采用了一种只有 6 个题项的一维"组织认同量表"(organizational identification),其下包括"当有人批评我所在的公司时,我个人会觉得尴尬""我对别人如何看待我所在的公司感到非常有兴趣"等共 6 个题项,OI

按顺序命名并编码为 OI1，OI2，…，OI6。该量表可用于测量组织认同，其信度系数较高，如表4-4所示。

表4-3　　　　　　　　　　心理所有权量表

测量维度		题项	编码	来源
心理所有权	组织心理所有权	这个公司是我的公司	PO1	皮尔斯、奥德里斯科尔和科格伦（2004）
		在这个组织里我能感受到我是公司的一员	PO2	
		我对这个公司有很强的主人翁意识	PO3	
		我觉得这是我的公司而去工作	PO4	
		我觉得这是我的公司而感受到了责任感	PO5	
		我觉得我是这个公司的一部分	PO6	
	工作心理所有权	我觉得公司分派的工作就是我的工作	PO7	
		我觉得我的职务就是我的事情	PO8	
		我对我的职务有很强的主人翁意识	PO9	
		我觉得我做的工作就是我的工作而去担任工作	PO10	
		我觉得我的工作就是我的工作而去承担责任	PO11	
		我觉得我做的工作就是我的一部分	PO12	

表4-4　　　　　　　　　　组织认同的测量表

测量维度	题项	编码	来源
组织认同	当有人批评我所在的公司时，我个人会觉得尴尬	OI1	梅尔和阿什福斯（1992）
	我对别人如何看待我所在的公司感到非常有兴趣	OI2	
	当我谈及公司时，我会说"我们如何如何"而不是"他们如何如何"	OI3	
	公司的成功也是我的成功	OI4	
	当别人赞美我所在的公司时，我觉得像在称赞我一样	OI5	
	如果有传播媒体批评我所在的公司，我会感到不舒服，觉得有些难堪	OI6	

（5）关爱型道德气氛的测量及题项。

维克托和卡伦（1987）开发了道德气氛问卷（ethical climate questionnaire，ECQ），包括 6 个维度的 25 个问题。维克托和卡伦（1988）编制了道德气氛问卷，共 5 个维度 26 个项目。维克托和卡伦（1993）开发了 7 维 36 项 ECQ。通过实证研究，得出了五种常见类型的道德气氛：工具型 EC、关爱型 EC、独立型 EC、规则型 EC 和法律与标准型 EC。根据研究需要，本书提取了维克托和卡伦（1988）开发的 5 个维度中的一个，即"关爱型道德气氛"维度，包括"我们公司为全体员工考虑什么是最好的""我们公司的职员更多地关注什么是对别人最好的"等共 5 个题项，CEC 按顺序命名并编码为 CEC1，CEC2，…，CEC5。如表 4 - 5 所示。

表 4 - 5 关爱型道德气氛量表

测量维度	题项	编码	来源
关爱型道德气氛	我们公司为全体员工考虑什么是最好的	CEC1	维克托和卡伦（1988）
	我们公司的职员更多地关注什么是对别人最好的	CEC2	
	我们公司最关心的是公司全体人员的有益部分	CEC3	
	我们公司的职员追求相互间的有益部分	CEC4	
	我们要求公司的职员向着对顾客和大众正确的方向发展	CEC5	

4.1.3 数据收集

本书研究的对象是 8 家区域性或全国性的物业企业，如绿城物业、杭州大家物业、德丰物业、德令哈吉安物业、盛全物业、佰全物业、新湖物业等。公司地址主要涉及浙江杭州、新疆乌鲁木齐、青海德令哈、江苏苏州、湖南长沙等城市。被试来自华东地区、西北地区、华北地区、东北地区等全国各地。

笔者走访了杭州、新疆、江苏、郑州等地的物业企业，对相关领导和员工进行了半结构式访谈。一个负责提问，另一个负责记录，每次持续两个小时左右，一个小时巡视，遵循一些案例分析"24 小时"规则的要求（Yin，1984）。采访记录和影像记录在采访当天完成，并提出必要的意见。面试结束后，会发放一些问卷，当面回答个别问题。当部分调查人员不在场时，我们会在调查前对代理调查人员进行指导，并提前提供组织好的说明性文字和实施要求。在问卷发放时，会强调调查的保密性和自愿性，声明只进行学术研究。问卷要求回答时间、填空完整、注意反向的问题、根据自身的实际工作感受打分。还特别强调让受试者有固定的地点和足够的时间填写问卷。整个问卷调查持续约 90 天。共发放问卷 356 份，回收有效问卷 310 份。

4.1.4 样本的描述分析

对 310 份有效问卷进行整理。企业性质都为私营企业，基本以住宅小区物业和商业物业为主。调查样本的人口统计学变量的基本信息：男性员工 171 名，女性员工 139 名；已婚员工 221 名，未婚员工 89 名；员工籍贯所在地分布地区与人数分别为华东地区 186 名，西北地区 54 名，东北地区 19 名，华中地区 37 名，其他地区 14 名；不同年龄阶段人数分别为 20～29 岁（周岁）73 人，30～39 岁 153 人，40～49 岁 49 人，50～59 岁 30 人，60～65 岁 5 人；学历分布为初中及以下 37 人，高中和初中专 63 人，大专 119 人，本科 89 人，硕士 2 人，博士 0 人；职务分布情况，基层管理员 204 人（其中，班组长或管理员 119 人、主管 95 人），中层管理干部 88 人（其中副经理 33 人、经理 55 人），高层管理干部（区域总经理或副总经理）18 人；现任工作平均年限为 3.75 年，其中 3 年（含）以下 200 人，4～6 年 66 人，7～9 年 26 人，10 年（含）以上 18 人。人口统计学描述性统计分析结果如表 4 - 6 所示。

表4-6　　人口统计学描述性统计分析结果（N=310）

变量	类别	样本数	百分比（%）
性别	男	171	55.2
	女	139	44.8
婚姻状况	已婚	221	71.3
	未婚	89	28.7
年龄（周岁）	20~29岁	73	23.5
	30~39岁	153	49.4
	40~49岁	49	15.8
	50~59岁	30	9.7
	60~65岁	5	1.6
教育水平	初中以下	37	11.9
	高中/初中专	65	21
	大专	118	38.1
	本科	88	28.4
	硕士研究生以上	2	0.6
职务级别	基层管理员	204	65.8
	中层管理干部	88	28.4
	高层管理干部	18	5.8
现任工作年限	3年（含）以下	200	64.5
	4~6年	66	21.3
	7~9年	26	8.4
	10年（含）以上	18	5.8
人口户籍分布	华东地区	198	63.9
	西北地区	42	13.5
	华中地区	36	11.6
	东北地区	20	6.5
	其他地区	14	4.5

注：基层管理员包括含班组长、主管、管理员等；中层管理干部包括项目经理和副经理；高层管理干部包括区域总经理和副总经理。

4.2 数 据 分 析

本书主要采用 SPSS 25.0 软件和 AMOS 21.0 软件进行数据分析。使用 SPSS 25.0 进行描述性分析、信度分析、探索性分析和分层回归分析，使用 CITC 法确定题项，并用 Cronbach's α 系数法测量题项和变量信度。使用 SPSS 作调节效应分析；使用 AMOS 21.0 对各相关潜变量进行验证性因子分析（CFA），以验证各量表的区分效度（discriminant validity）。使用独立样本 T 检验和单因素方差分析检验人口学变量对道德型领导、心理幸福感、心理所有权、组织认同和关爱型道德气氛的影响。利用 SPSS 和 SEM 等方法验证道德型领导与心理幸福感（包括良好人际关系和个人成长）、心理所有权（包括组织心理所有权和工作心理所有权）之间的关系以及组织认同的中介机制和关爱型道德气氛的调节机制（温忠麟等，2004/2005）。

4.2.1 变量的描述性分析

为了尽可能地满足随机原则，并保证得到的数据满足正态分布的要求，即数据的峰度绝对值小于 10，偏度绝对值小于 3（黄芳铭，2005）。根据各变量的描述性统计结果（n = 310），数据的最大峰度为 0.276，最大偏度为 0.138，属于参考值的范围，说明数据符合正态分布。

4.2.2 信度分析

数据的可靠性由 Cornbach's α 系数的大小决定（卢纹岱，2002），一般要求 Cornbach's α 大于 0.7（Nunnally，1978；Peterson，1994；刘怀伟，2003）。探索性分析（EFA）采用主成分分析和最大方差旋转，将特征值大于 1 的作为因子提取标准。EFA 的判断标准为：0.5 < KMO < 1，KMO 越大越好，Bartlett 球检验的统计值应达到显著水平。如果 KMO < 0.5，则表示项目变量不适合进行探索性因子分析。根据变量的 CITC 和内部一致性的分析，各量表的总体 Cornbach's α 系数分别是道德型领导为 0.892，心理幸福感为 0.897（良好人际关系为 0.802、个人成长为 0.897），心理所有权为 0.834（工作心理所有权 0.779、组织心理所有权为 0.87），组织认同为 0.843，关爱型道德气氛为 0.813。

4.2.3　效度检验

效度（validity）指测量工具能够测量出所要测量的特质的程度。效度分析主要包括内容效度（content validity）、收敛效度和区分效度分析三个部分的内容。

4.2.3.1　内容效度

内容效度指测量题项取样的适当性是否完整表达了构念内容，主要通过文献分析和专家判断等的主观判断和逻辑推理确定变量题项内容（黄芳铭，2005）。

4.2.3.2　验证性因子分析（CFA）

一般来说，验证一个模型是否是一个好模型主要看以下指标，包括 χ^2/df，GFI，AGFI、NFI、IFI、TLI、CFI、RMSEA 等。根据博伦（Bollen，1989），杰瑞斯科格和索尔博姆（Jöreskog & Sörbom，1993）以及梅兹克、威拉姆斯和霍拉汉（Medsker，Willams & Holahan，1994）的建议，决定采用 χ^2/df、GFI（拟合优度指数，goodness of fit index）、NFI（正规拟合指数，normed chi-square index）、IFI（增益拟合指数，incremental fit index）、TLI（tucker – lewis index）、CFI（比较拟合指数，comparative fit index）、RMSEA（近似误差均方根估计，root mean square error of approximation），并确定各指数的拟合标准分别为：χ^2/df 大于 10 表示模型很不理想，小于 5 表示模型可以接受，小于 3 则模型较好；GFI、NFI、IFI、TLI、CFI 大于或等于 0.9 为好，SRMR 和 RMSEA 都处于 0 和 1 之间，小于 0.05 表示模型拟合得好，在 0.05 ~ 0.08 之间表示模型基本可以接受，越接近 0 越好；NCP、AIC 越小越好。

使用 AMOS 17.0 对各变量进行验证性因子分析。结果如图 4 - 1 所示，

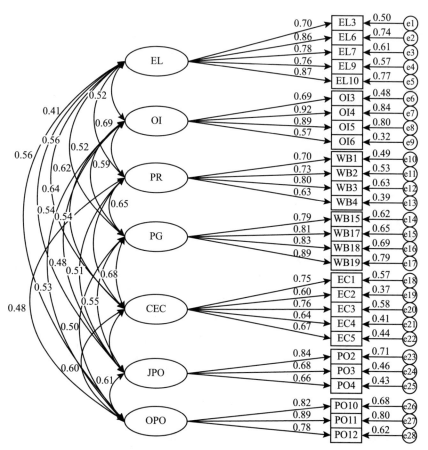

图 4 - 1　研究模型的验证性因子分析（CFA）模型

注：EL 表示道德型领导；OI 表示组织认同；CEC 表示关爱型道德气氛；PR 表示良好的人际关系；PG 表示个人成长；JPO 表示工作心理所有权；OPO 表示组织心理所有权。

资料来源：由笔者绘制。

道德型领导 5 个测量题项的因子载荷最低为 0. 76，最高为 0. 88；心理幸福感 8 个测量题项的因子载荷最低为 0. 68，最高为 0. 89，得到两个公因子，包括良好人际关系和个人成长各 4 个测量题项；心理所有权 8 个测量题项的因子载荷最低为 0. 68，最高为 0. 90，得到两个公因子，包括组织心理所有权和工作心理所有权各 3 个测量题项。组织认同 4 个测量题项的因子载荷最低为 0. 56，最高为 0. 91；关爱型道德气氛 5 个测量题项的因子载荷最低为 0. 53，最高为 0. 91。可见，因子载荷基本都处在 0. 6 以上。

为确定本书中各量表之间的区分效度，采用 AMOS 21. 0 对道德型领导、关爱型道德气氛、组织认同、良好人际关系和个人成长等变量进行验证性分析，共构建了五种模型，验证结果如表 4 - 7 所示，七因子模型的拟合度效果最佳，其各项指标均优于其他因子模型，说明模型中的各变量具有良好的区分效度。

表 4 - 7　　　　　　　　各模型 CFA 的拟合指数汇总

项目	χ^2	df	χ^2/df	TLI	CFI	RMSEA	NFI	IFI	SRMR
七因子模型	785. 66	329	2. 388	0. 898	0. 911	0. 067	0. 857	0. 912	0. 0597
五因子模型	1114. 96	340	3. 279	0. 832	0. 849	0. 086	0. 797	0. 850	0. 0713
四因子模型	1381. 92	344	4. 017	0. 777	0. 798	0. 099	0. 749	0. 799	0. 0856
二因子模型	2193. 85	349	6. 286	0. 610	0. 64	0. 131	0. 601	0. 642	0. 098
一因子模型	2359. 46	350	6. 741	0. 577	0. 608	0. 136	0. 571	0. 610	0. 0976

注：七因子模型：EL, OI, CEC, PR, PG, JPO, OPO；五因子模型：EL, OI, CEC, WB (PR + PG), PO (JPO + OPO)；四因子模型：EL + CEC, OI, PR + PG, JPO + OPO；二因子模型：EL + CEC + OI, PR + PG + JPO + OPO；一因子模型：EL + CEC + OI + PR + PG + JPO + OPO。

心理幸福感有两个维度，分别是良好人际关系和个人成长；心理所有权有两个维度，分别是工作心理所有权和组织心理所有权。可见，心理幸福感和心理所有权可能存在高阶因子模型，如图 4 - 2 和图 4 - 3 所示。因此，对心理幸福感和心理所有权进行了高阶因子模型分析后发现，两者不存在高阶因素问题。因此，对心理幸福感和心理所有权进行了初级 CFA，获得的拟合度指标如表 4-8 所示。

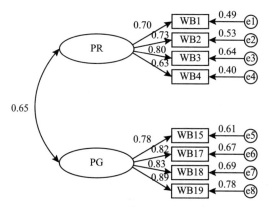

图 4-2 心理幸福感 CFA 模型

资料来源：由笔者绘制。

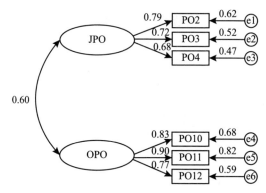

图 4-3 心理所有权 CFA 模型

资料来源：由笔者绘制。

表 4-8　　　　　　　　　心理幸福感和心理所有权拟合度指标

变量名	χ^2	df	χ^2/df	TLI	CFI	RMSEA	NFI	IFI	SRMR
WB	105.05	19	5.529	0.876	0.935	0.093	0.995	0.935	0.0718
PO	25.94	8	3.24	0.943	0.978	0.066	0.992	0.979	0.0415

注：WB 表示心理幸福感；PO 表示心理所有权。

4.2.3.3 收敛效度分析

收敛效度指测量同一构念的各测量题项之间的相关度较高。首先，要求标准化因子载荷系数大于 0.5，最低水平为 0.41（Ford，MeCallum & Tait，1996；王庆喜，2004）；其次，要求潜变量的平均方差抽取量（average variance extracted，AVE）大于 0.5（Fornell & Larcker，1981）。最后，各变量的聚合效度如表 4 - 9 所示，除关爱型道德气氛外，各变量的 AVE 均大于标准参考值 0.5，即道德型领导为 0.638，良好人际关系为 0.515，个人成长为 0.690，工作心理所有权为 0.679，组织心理所有权为 0.535，组织认同为 0.607，关爱型道德气氛为 0.474，说明该量表有良好的聚合效度或收敛效度。

表 4 - 9 　　　　　　　　　　各变量的聚合效度分析

潜变量	题项	标准化因子载荷	估计值	标准误（S. E.）	临界比（R）	组合信度（CR）	平均变异数萃取量（AVE）
EL	EL3	0.7	1			0.897	0.638
	EL6	0.86	1.213	0.087	13.947		
	EL7	0.78	1.104	0.087	12.73		
	EL9	0.76	1.041	0.083	12.534		
	EL10	0.88	1.028	0.073	14.177		
PR	WB1	0.700	1.000			0.808	0.515
	WB2	0.730	1.202	0.11	10.974		
	WB3	0.800	1.302	0.111	11.711		
	WB4	0.640	0.761	0.079	9.672		
PG	WB15	0.780	1			0.899	0.690
	WB17	0.820	1.117	0.073	15.402		
	WB18	0.830	1.078	0.069	15.662		
	WB19	0.890	1.116	0.066	16.827		

潜变量	题项	标准化因子载荷	估计值	标准误（S. E.）	临界比（R）	组合信度（CR）	平均变异数萃取量（AVE）
JPO	PO10	0.83	1			0.873	0.679
	PO11	0.9	1.043	0.061	17.073		
	PO12	0.77	0.859	0.058	14.903		
OPO	PO2	0.79	1			0.775	0.535
	PO3	0.72	1.093	0.101	10.836		
	PO4	0.68	1.072	0.102	10.483		
OI	OI3	0.69	1			0.856	0.607
	OI4	0.91	1.251	0.088	14.224		
	OI5	0.9	1.205	0.085	14.16		
	OI6	0.56	0.871	0.094	9.313		
CEC	CEC1	0.64	1			0.815	0.474
	CEC2	0.57	0.975	0.114	8.517		
	CEC3	0.87	1.59	0.14	11.362		
	CEC4	0.73	1.448	0.139	10.433		
	CEC5	0.59	0.861	0.097	8.892		

注：EL 表示道德型领导；OI 表示组织认同；PR 表示良好人际关系；PG 表示个人成长；OPO 表示组织心理所有权；JPO 表示工作心理所有权；CEC 表示关爱型道德气氛。

4.2.3.4 区分效度分析

区分效度指测量不同构念的测量题项之间的相关度较低，其检验一般采用将不同潜变量的 AVE 的均方根与不同潜变量间的相关系数相比较的方法。如果这两个变量的 AVE 的均方根均大于两个变量之间的相关系数，则表明其区分度很好。至于各维度间的区分效度是否足够，通常采用比较各维度间完全标准化相关系数与各维度自身 AVE 的平方根值大小的方法进行检验，如果模型中任何一个潜变量的 AVE 的均方根都大于其他潜变量与该潜变量的相关系数，则表明各维度间具有足够的区分效度，反之，说明区分效度不够（Fornell & Larcker，1981）。

由表 4 - 10 可见，各因子两两之间的相关系数分别为 0.466、0.525、0.355、0.462、0.448、0.506、0.455、0.524、0.62、0.506、0.421、0.432、0.579、0.415、0.510、0.577、0.394、0.404、0.395、0.454 和 0.496，而七个因子各自的 AVE 值的平方根分别为 0.7988、0.779、0.688、0.718、0.831、0.731 和 0.824，所有因子的 AVE 的平方根都大于该因子和其他因子的相关系数，表明量表具有很好的区分效度。

表 4 - 10 　　　　　　　　　　各变量的区分效度分析

变量	EL	OI	CEC	PR	PG	OPO	JPO
EL	(0.7988)	0.466 **	0.525 **	0.355 **	0.462 **	0.448 **	0.506 **
OI		(0.779)	0.455 **	0.524 **	0.620 **	0.506 **	0.421 **
CEC			(0.688)	0.432 **	0.579 **	0.415 **	0.510 **
PR				(0.718)	0.577 **	0.394 **	0.404 **
PG					(0.831)	0.395 **	0.454 **
OPO						(0.731)	0.496 **
JPO							(0.824)

注：* $p < 0.05$，** $p < 0.01$，*** $p < 0.001$；EL 表示道德型领导；OI 表示组织认同；PR 表示良好人际关系；PG 表示个人成长；OPO 表示组织心理所有权；JPO 表示工作心理所有权；CEC 表示关爱型道德气氛。

4.3　样本的共同方法偏差

共同方法偏差（common method biases，CMB）是一种系统误差，由于不同的原因，如预测变量和判据变量之间的数据源、测量环境、人为共变关系，可以造成严重的混乱，造成对研究结果和研究结论潜在的误导（周浩和龙立荣，2004）。CMB 问题可以用程序控制或统计控制方法来控制。比如对测量的时间、空间、心理和方法进行有效分离，采用匿名问卷，排除程序上的干扰；采用哈曼（Harman）的单因素检验方法测试同源偏差问题（周浩和龙立荣，2004）。本书采用匿名问卷，将所有变量放在一起开展探索性因子分析，结果显示 KMO 值为 0.916，在 0.9 ~ 1.0 之间，大于 0.7，Bartlett 球面检验卡方统计值在 0.001 水平上显著，适合进行探索性因素分析。没有发现公因子方差（共同度值）小于 0.4 的题项，各题项的共同度值均高于 0.5，最小值为 0.54，最大值为 0.819，说明该因子能够较好地提取每项信息。所有项目均采用哈曼（Harman）单因素检验。根据 SPSS 运行结果，在不旋转条件下分离出 7 个特征根值，第一个因子的解释变异量为 38.517%，小于 40% 的临界值。这说明本书的通用方法不存在严重的共同方法偏差。

同时，检测旋转后的因子分析发现，心理幸福感 4 同时对应了心理幸福感中的"个人成长"和"良好人际关系"因子，出现"双载荷"现象，根据专业预期，将其纳入"良好人际关系"因子。其余题项的对应关系均符合专业预期，对应题项的因子载荷系数值均高于 0.5。可以看出，题项可以有效地表达因子信息，整体说明效度水平良好。

4.4 相关关系分析

Pearson 相关系数取值范围介于（-1，1）。如果 Pearson 相关系数大于 0，则说明两个变量之间有着为正相关关系，小于 0 为负相关关系。如果 Pearson 相关系数绝对值大于 0.6 表示强正相关关系，大于 0.4 表示较强正相关关系，小于 0.4 则说明两个变量之间的相关紧密程度较低。自变量和因变量之间相关系数高些，自变量之间相关系数要低。表 4 - 11 显示所有变量之间的 Pearson 系数均在 0.01 水平上显著正相关。

表 4 – 11　　　　　　　各变量的均值和 Pearson 相关系数

变量	Mean	SD	EL	OI	CEC	WBPR	WBPG	OPO	JPO	WB	PO
EL	5.94	1.01	1	0.466**	0.525**	0.355**	0.462**	0.448**	0.506**	0.467**	0.556**
OI	5.973	0.925	0.466**	1	0.455**	0.524**	0.620**	0.506**	0.421**	0.652**	0.533**
CEC	5.352	1.017	0.525**	0.455**	1	0.432**	0.579**	0.415**	0.510**	0.576**	0.543**
PR	5.56	0.868	0.355**	0.524**	0.432**	1	0.577**	0.394**	0.404**	0.849**	0.464**
PG	5.735	0.91	0.462**	0.620**	0.579**	0.577**	1	0.395**	0.454**	0.921**	0.497**
OPO	5.531	1.188	0.448**	0.506**	0.415**	0.394**	0.395**	1	0.496**	0.442**	0.832**
JPO	5.594	1.128	0.506**	0.421**	0.510**	0.404**	0.454**	0.496**	1	0.484**	0.894**
WB	5.647	0.787	0.467**	0.652**	0.576**	0.849**	0.921**	0.442**	0.484**	1	0.541**
PO	5.562	0.999	0.556**	0.533**	0.543**	0.464**	0.497**	0.832**	0.894**	0.541**	1

注：*$p<0.05$，**$p<0.01$，***$p<0.001$；双尾检测。EL 表示道德型领导；OI 表示组织认同；PR 表示良好人际关系；PG 表示个人成长；OPO 表示组织心理所有权；JPO 表示工作心理所有权；CEC 表示关爱型道德气氛。

4.5　单因素方差分析

中介变量和结果变量不仅受自变量的影响，还受控制变量的影响，因此研究需要分析人口统计学因素等控制变量对其产生的影响。本小结运用 SPSS 对控制变量进行单因素方差分析，是为了比较人口统计学变量在员工心理幸福感（包括良好人际关系和个人成长）、心理所有权（包括组织心理所有权和工作心理所有权）、组织认同等变量上是否存在显著的差异性。其中，在进行方差分析的时候，根据方差是否齐性来选择不同的判断方法。按照单因素方差分析原理，需要数据满足方差齐性检验，即 p 值全部需要大于 0.05，说明不同组别的数据波动情况一致，即方差齐性。本书研究的控制变量包括性别、婚姻状况、年龄、教育程度、工作任期、地域分布、职位层次等。在进行具体分析之前，先利用单因素方差分析进行初步判断。其中，对于性别、婚姻状况等类别变量采用独立样本 T 检验方式，结果发现没有差异性。对于年龄、教育程度、现任工作年限、职务级别等连续变量采用单因素方差分析并进行两两比较。

4.5.1　地域分布的单因素方差分析

从描述性分析可知，对样本中不同地区员工分成了五个组别，进行单因素的方差分析。根据均值差异检验显示，不同地域的员工在所有变量中均不存在明显的差异。样本来源地和个数，分别是华东地区（198个）、西北地区（42个）、东北地区（20个）、华中地区（36个）、其他地区（14个）。

4.5.2　学历的单因素方差分析

根据单因素方差分析结果发现学历在所有变量中均不存在明显的差异。样本来源地和个数，分别是初中以下37个、高中或初中专65个、大专118个、本科88个、硕士研究生2个。

4.5.3　员工职级的单因素方差分析

从描述性分析可知，对样本中不同职级水平的 6 个组别进行单因素的方差分析。样本组别和个数，分别是职员 121 个、基层管理员或主管 77 个、项目副经理或副科长 34 个、项目经理或科长 54 个、区域总经理或副总经理 8 个、其他职务 6 个。由表 4 – 12 可知，员工的职务级别在所有变量中的 p 值均大于 0.05，存在方差齐性。在均值差异检验中发现，组织认同、工作心理所有权、心理所有权存在显著差异（$\rho <$ 0.05），即说明不同职级的员工在组织认同、工作心理所有权、心理所有权上有着显著性的差异，需进一步进行两两比较。

表 4 – 12   员工职级的单因素方差分析

变量	方差齐性检验		均值差异检验		
	Sig.	是否齐性	F 值	Sig.（双侧）	差异是否显著
OI	0.08	是	2.37	0.04	是
JPO	0.10	是	2.47	0.03	是
PO	0.08	是	2.22	0.05	是

注：基于平均值的方差齐性检验和均值差异检验的显著性水平均为 0.05。OI 表示组织认同；JPO 表示工作心理所有权；PO 表示心理所有权。

在物业管理行业中，一般项目副经理和经理属于物业管理公司的中层干部。事后检验（两两比较）主要针对组织认同、工作心理所有权和心理所有权这三个变量进行多重分析。由表 4 – 13 可知，员工的职级差异对组织认同、心理所有权和工作心理所有权等变量有显著影响。本书是采用 Scheffe 法的两两多重比较结果（只将在置信度为 95% 的情况下具有显著统计差异的列出），随着在本单位职务级别的提高，对组织认同、心理所有权和工作心理所有权程度也在加强，即员工在一个单位职级不断提高的同时，其对组织认同感、心理所有权和工作心理所有权也会增强。其可能的原因是处于中层管理职位的员工是企业的中流砥柱，不仅会自觉维护道德规范，强调以身作则和作出道德表率，而且还对组织的认同感更强；职级越高，对企业了解越深，投入的精力和财力更多，与企业关系越紧密，越希望自己有能力驾驭和控制公司项目的正常运营和发展，无论在工作中还是在组织中都会表现出更强的心理所有权。

表 4 – 13　　　　　　　员工职级的多重比较（事后检验）

		LSD		
因变量	（I）级别/职务	（J）级别/职务	标准值（I－J）	显著性
OI	职员	项目副经理或副科级	－0.39110*	0.03
		项目经理或科长级	－0.43767*	0.00
	项目副经理或副科级	职员	0.39110*	0.03
	项目经理或科长级	职员	0.43767*	0.00
JPO	职员	基层管理员或主管	－0.35026*	0.03
		项目经理或科长级	－0.41679*	0.02
		其他	－0.63516*	0.03
	基层管理员或主管	职员	0.35026*	0.03
	项目经理或科长级	职员	0.41679*	0.02
	其他	职员	0.63516*	0.03
PO	职员	项目经理或科长级	－0.43712*	0.01
		区域总经理或副总经理	－0.72107*	0.05
	项目经理或科长级	职员	0.43712*	0.01
	区域总经理或副总经理	职员	0.72107*	0.05

注：* 平均值差值的显著性水平为 0.05。OI 表示组织认同；JPO 表示工作心理所有权；PO 表示心理所有权。

4.5.4　年龄的单因素方差分析

从描述性分析可知，对样本中不同年龄水平的五个组别进行单因素的方差分析，他们分别是 20～29 周岁（83 个样本）、30～39 周岁（151 个样本）、40～49 周岁（42 个样本）、50～59 周岁（29 个样本）、60～65 周岁（5 个样本）。由表 4 – 14 可知，在均值差异检验中发现，个人成长和心理幸福感存在显著差异（$\rho < 0.05$），即说明不同年龄的员工在个人成长和心理幸福感上有着显著性的差异，需进一步进行两两比较。

表 4 – 14   年龄的单因素方差分析

变量	方差齐性检验		均值差异检验		
	Sig.	是否齐性	F 值	Sig.（双侧）	差异是否显著
PG	0.229	是	4.151	0.003	是
WB	0.728	是	3.268	0.012	是

注：基于平均值的方差齐性检验和均值差异检验的显著性水平均为 0.05。PG 表示个人成长；WB 表示心理幸福感。

由表 4 – 15 可知，员工的年龄差异对个人成长和心理幸福感有显著影响。在个人成长的体验方面，20 ~ 49 周岁的员工明显高于 50 ~ 59 周岁的员工。其中，在 20 ~ 49 周岁阶段内，30 ~ 39 周岁的员工高于 20 ~ 29 周岁的员工，20 ~ 29 周岁的员工高于 40 ~ 49 周岁的员工。在心理幸福感的体验方面，20 ~ 39 周岁的员工明显高于 50 ~ 59 周岁的员工。其中，在 20 ~ 39 周岁阶段内，30 ~ 39 周岁的员工明显高于 20 ~ 29 周岁的员工。

表 4 – 15   年龄的多重比较（事后检验）

变量				
		LSD		
变量	（I）年龄	（J）年龄	标准值（I – J）	显著性
PG	20 ~ 29 周岁	50 ~ 59 周岁	0.51475 *	0.01
	30 ~ 39 周岁	50 ~ 59 周岁	0.71135 *	0.00
	40 ~ 49 周岁	50 ~ 59 周岁	0.46182 *	0.03
	50 ~ 59 周岁	20 ~ 29 周岁	– 0.51475 *	0.01
		30 ~ 39 周岁	– 0.71135 *	0.00
		40 ~ 49 周岁	– 0.46182 *	0.03
WB	20 ~ 29 周岁	50 ~ 59 周岁	0.35843 *	0.03
	30 ~ 39 周岁	50 ~ 59 周岁	0.52815 *	0.00
	50 ~ 59 周岁	20 ~ 29 周岁	– 0.35843 *	0.03
		30 ~ 39 周岁	– 0.52815 *	0.00

注：＊表示平均值差值的显著性水平为 0.05。PG 表示个人成长；WB 表示心理幸福感。WB 中 40 ~ 49 周岁的事后检验不显著，故未列示。

4.5.5 现任职务工作年限的单因素方差分析

从描述性分析可知，对样本中不同地区员工分成了四个组别，进行单因素的方差分析。样本来源和个数分别是：3 年及以下 173 个、4~6 年 81 个、7~9 年 36 个、10 年以上 20 个。根据均值差异检验，现任职务年限在不同的工作年限内，对所有变量均为无显著性差异。

4.6　假 设 验 证

4.6.1 结构方程模型（SEM）统合分析

根据拟合指数的一般要求，χ^2/df 大于 10 表示模型很不理想，小于 5 表示模型可以接受，小于 3 则模型较好；GFI、NFI、IFI、TLI、CFI 大于或等于 0.9 以上为好，RMSEA 处于 0 和 1 之间，RMSEA 和 SRMR 小于 0.05 表示模型拟合得好，在 0.05~0.08 之间表示模型基本可以接受，越接近 0 越好。NCP、AIC 越小越好。间接效应的强弱可以直接乘以两个端点变量之间直接效应的标准回归系数。将路径模型中与自变量和内生变量相关的所有显著和不显著的直接和间接影响的回归系数值相加，即可得到各自变量对各内生变量的全局效应。

为检验中介效应的显著性，采用 Bias – Corrected Bootstrap 程序（Preacher & Hayes，2008）。对原始数据（N = 310）采用重复随机抽样的方法，抽取 2000 个 Bootstrap 样本。然后根据模型，生成并保存估计的 2000 个中介效应估计值，形成近似的抽样分布，效应值按数值顺序排列，第 2.5 百分位数和第 97.5 百分位数估计 95% 的中介效应置信区间。如果中介效应 95% 的置信区间没有包括 0，表明中介效应显著。

（1）道德型领导和心理幸福感之间的组织认同中介机制的统合模型分析。

根据组织认同在道德型领导与心理幸福感之间起中介效应的统合模型（见图 4-4）和道德型领导和心理幸福感之间的组织认同中介机制模型拟合指数（见表 4-16）可知，道德型领导对心理幸福感的间接效应由两个直接效应（道德型领导→组织认同，组织认同→心理幸福感）所组成，取两者的回归系数相乘得到间接效应：$0.52 \times 0.60 = 0.312$，表示每一个标准差单位的道德型领导的变动，会造成心理幸福感 0.312 个单位的变动量。道德型领导对心理幸福感的整体效应为：$0.22 + 0.312 = 0.532$，表示每一个标准差单位的道德型领导的变动对应于心理幸福感的变动量为 0.532 个单位。

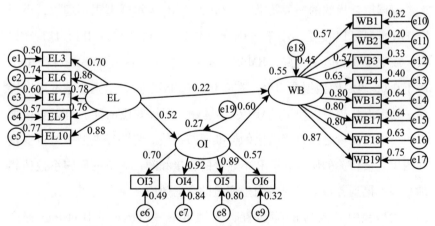

图 4-4　组织认同在道德型领导与心理幸福感之间起中介效应的统合模型

资料来源：由笔者绘制。

表4－16　　道德型领导和心理幸福感之间的组织认同中介机制模型拟合指数

χ^2	df	χ^2/df	TLI	CFI	RMSEA	NFI	IFI	SRMR
392.818	116	3.386	0.90	0.91	0.088	0.88	0.912	0.0679

　　采用结构方程路径分析方法，结果如表4－17所示。①道德型领导对心理幸福感有显著正向影响（β＝0.22，ρ＜0.001），假设H1得到验证；②道德型领导对组织认同有显著正向影响（β＝0.52，ρ＜0.001），假设H3得到验证；③组织认同对心理幸福感有显著的正向影响（β＝0.60，ρ＜0.001），假设H4得到验证；④组织认同的中介作用。

表4－17　　　　　　　　　　回归取向路径分析各效应分解说明

自变量	内生变量	
	组织认同	心理幸福感
道德型领导		
直接效应	0.52***	0.22***
间接效应	—	0.312***
整体效应	0.52***	0.532***
组织认同		
直接效应		0.60***
间接效应		—
整体效应		0.60***

注：＊表示ρ＜0.05；＊＊表示ρ＜0.01；＊＊＊表示ρ＜0.0001。

　　2000次Bootstrap结果如表4－18所示，组织认同的中介效应估计值0.206（显著，ρ＜0.001），95%的置信区间为［0.236，0.415］，不包含0。非标准化中介效应值为0.206（ρ＜0.01），标准化效应值（ab）为0.312，标准误差（SE）为0.045。且根据Amos路径分析可知，EL →

OI，EL→WB，OI→WB 路径的直接效应均显著（$\rho < 0.05$），中介效应显著获得支持。因此，H6 得到验证。即道德型领导可通过增强员工组织认同，对员工的心理所有权的提升产生影响。

表 4 - 18　　　　　　　　　　　　间接效应检验

模型路径	Estimated effect（非标准化）	系数乘积法 Product of Coefficients		BC95% CI*	
		SE	ab	Lowerbounds	Upperbounds
EL→OI→WB（部分中介）	0.206***	0.045	0.312	0.236	0.415

注：$N = 310$；* 表示 $\rho < 0.1$，** 表示 $\rho < 0.05$，*** 表示 $\rho < 0.01$；EL 表示道德型领导，OI 表示组织认同，WB 表示心理幸福感。CI*：95% 置信区间不包括零；因此，中介效应在 $\rho < 0.01$ 时具有统计学意义。

（2）道德型领导和心理所有权之间的组织认同中介机制的统合模型分析。

根据图 4 - 5 和表 4 - 19 可知，道德型领导对心理所有权的间接效应由两个直接效应（道德型领导→组织认同，组织认同→心理所有权）所组成，取两者的回归系数相乘得到间接效应：$0.53 \times 0.35 = 0.186$，表示每 1 个标准差单位的道德型领导的变动，会造成心理所有权 0.186 个单位的变动量。道德型领导对心理所有权的整体效应为：$0.43 + 0.186 = 0.532$，表示每 1 个标准差单位的道德型领导的变动对心理幸福感的变动量为 0.532 个单位。结果如表 4 - 20 所示。

2000 次 Bootstrap 间接效应检验结果如表 4 - 21 可知，组织认同的中介效应估计值 0.184 显著，95% 的置信区间为 [0.09，0.295]，不包含 0。非标准化中介效应值为 0.163（$\rho < 0.01$），标准化效应值（ab）为 0.18，标准误差（SE）为 0.052。且根据图 4 - 5 统合模型的路径分析，可知 EL→OI，EL→PO，OI→PO 路径的直接效应均显著（$\rho <$

0.05）。因此，假设 H7 得到验证，即道德型领导通过增强员工组织认同，对员工的心理所有权的提升产生影响。

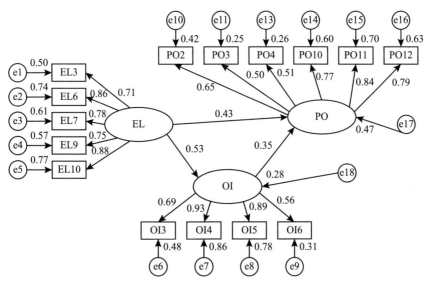

图 4 – 5　道德型领导与心理所有权之间的组织认同中介效应的统合模型图

注：EL 表示道德型领导；OI 表示组织认同；PO 表示心理所有权。
资料来源：由笔者绘制。

表 4 – 19　　道德型领导和心理所有权之间的组织认同中介机制模型拟合指数

χ^2	df	χ^2/df	TLI	CFI	RMSEA	NFI	IFI	SRMR
311.762	87	3.583	0.90	0.914	0.091	0.886	0.915	0.0697

表 4 – 20　　　　　　　回归取向路径分析各效应分解说明

自变量	内生变量	
	组织认同	心理所有权
道德型领导		
直接效应	0.53 ***	0.43 ***
间接效应	—	0.186 ***
整体效应	0.53 ***	0.532 ***

自变量	内生变量	
	组织认同	心理所有权
组织认同		
直接效应		0.35 ***
间接效应		—
整体效应		0.35 ***

注：* 表示 ρ < 0.05；** 表示 ρ < 0.01；*** 表示 ρ < 0.001。

表 4 – 21 间接效应检验

模型路径	估计效应（非标准化）	系数乘积法		BC95% CI*	
		SE	ab	下限	上限
EL→OI→PO（部分中介）	0.163 ***	0.052	0.18	0.090	0.295

注：N = 310；* 表示 ρ < 0.1，** 表示 ρ < 0.05，*** 表示 ρ < 0.01；EL 表示道德型领导；OI 表示组织认同；PO 表示心理所有权。CI*：95% 置信区间不包括零；因此，中介效应在 ρ < 0.01 时具有统计学意义。

（3）道德型领导和良好人际关系、个人成长、组织心理所有权、工作心理所有权之间的组织认同中介机制的统合模型分析。

根据图 4 – 6 和表 4 – 22 可知，道德型领导对组织心理所有权的间接效应由两个直接效应（道德型领导→组织认同，组织认同→组织心理所有权）所组成，取两者的回归系数相乘得到间接效应：0.52 × 0.48 = 0.249，表示每 1 个标准差单位的道德型领导的变动，会造成组织心理所有权 0.249 个单位的变动量。同理，道德型领导对工作心理所有权的间接效应为：0.52 × 0.29 = 0.151，表示每 1 个标准差单位的道德型领导的变动，会造成组织心理所有权 0.151 个单位的变动量。道德型领导对良好人际关系的间接效应：0.52 × 0.54 = 0.281，表示每 1 个标准差单位的道德型领导的变动，会造成良好人际关系 0.281 个单位的变动量。同理，道德型领导对个人成长的间接效应为：$0.52 \times 0.59 = 0.307$，表示每 1 个标准差单位的道德型领导的变动，会造成个人成长 0.307 个单位的变动量。

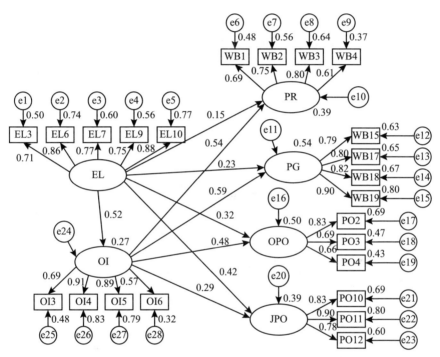

图 4 - 6　道德型领导与良好人际关系、个人成长、组织心理所有权、工作心理所有权之间的组织认同中介效应的统合模型示意图（路径分析参数估计图）

注：EL 表示道德型领导；OI 表示组织认同；PR 表示良好人际关系；PG 表示个人成长；OPO 表示组织心理所有权；JPO 表示工作心理所有权。

资料来源：由笔者绘制。

表 4 - 22　　　　　　　　组织认同中介机制模型拟合指数

χ^2	df	χ^2/df	TLI	CFI	RMSEA	NFI	IFI	SRMR
491.614	221	2.224	0.927	0.936	0.063	0.89	0.936	0.0679

道德型领导对组织心理所有权的整体效应：$0.32 + 0.249 = 0.569$，表示每 1 个标准差单位的道德型领导的变动对组织心理所有权的变动量为 0.569 个单位。同理，道德型领导对工作心理所有权的整体效应为：$0.42 + 0.151 = 0.571$，表示每 1 个标准差单位的道德型领导的变动对于工作心理所有权的变动量为 0.571 个单位。道德型领导对良好人际关系的整体效应为：$0.15 + 0.281 = 0.431$，表示每 1 个标准差单位的道德型领导的变动对良好人际关系的变动量为 0.431 个单位；道德型领导对个人成长的整体效应为：$0.23 + 0.307 = 0.537$，表示每 1 个标准差单位的道德型领导的变动对个人成长的变动量为 0.537 个单位。

采用结构方程模型（SEM）的路径分析方法，结果如表 4 – 23 所示。

表 4 – 23　　　　　　　回归取向路径分析各效应分解说明

自变量	内生变量				
	组织认同	组织心理所有权	工作心理所有权	良好人际关系	个人成长
道德型领导					
直接效应	0.52 ***	0.32 ***	0.42 ***	0.15	0.23 **
间接效应	—	0.249 ***	0.151 ***	0.281 ***	0.307 ***
整体效应	0.52 ***	0.569 ***	0.571 ***	0.431 ***	0.537 ***
组织认同					
直接效应		0.48 ***	0.29 ***	0.54 ***	0.59 ***
间接效应		—	—	—	—
整体效应		0.48 ***	0.29 ***	0.54 ***	0.59 ***

注：* 表示 $\rho < 0.05$，** 表示 $\rho < 0.01$，*** 表示 $\rho < 0.001$。

①道德型领导与组织心理所有权的关系。道德型领导对组织心理所有权有显著正向影响（$\beta = 0.32$，$\rho < 0.001$），假设 H2a 得到验证。

②道德型领导与工作心理所有权的关系。道德型领导对工作心理所有权有显著正向影响（β = 0.43，ρ < 0.001），假设 H2b 得到验证。

③组织认同与组织心理所有权的关系。组织认同对组织心理所有权有显著的正向影响（β = 0.47，ρ < 0.001），假设 H5a 得到验证。

④组织认同与工作心理所有权的关系。组织认同对工作组织心理所有权有显著的正向影响（β = 0.27，ρ < 0.001），假设 H5b 得到验证。

⑤道德型领导与良好人际关系的关系。道德型领导对良好人际关系有显著正向影响（β = 0.14，ρ < 0.001），假设 H1a 得到验证。

⑥道德型领导与个人成长的关系。道德型领导对个人成长有显著正向影响（β = 0.22，ρ < 0.001），假设 H1b 得到验证。

⑦组织认同与良好人际关系的关系。组织认同对良好人际关系有显著的正向影响（β = 0.53，ρ < 0.001），假设 H4a 得到验证。

⑧组织认同与个人成长的关系。组织认同对个人成长有显著的正向影响（β = 0.59，ρ < 0.001），假设 H4b 得到验证。

⑨组织认同的中介作用。根据图 4 - 6 的各路径分析参数估计图和 3000 次 Bootstrap 检验，间接效应结果如表 4 - 24 所示。

表 4 - 24　　　　　　　　间接效应检验

模型路径	估计效应（非标准化）	系数乘积法		BC95% CI*	
		SE	ab	下限	上限
EL→OI→JPO（部分中介）	0.186 ***	0.079	0.151	0.078	0.321
EL→OI→OPO（部分中介）	0.295 ***	0.082	0.25	0.188	0.436
EL→OI→PR（完全中介）	0.229 ***	0.078	0.28	0.144	0.344
EL→OI→PG（部分中介）	0.28 ***	0.069	0.304	0.197	0.396

注：N = 310；* 表示 ρ < 0.1，** 表示 ρ < 0.05，*** 表示 ρ < 0.01；EL 表示道德型领导，OI 表示组织认同，JPO 表示组织心理所有权，OPO 表示工作心理所有权，PR 表示良好人际关系，PG 表示个人成长。CI*：表示 95% 置信区间不包括 0；因此，在 ρ < 0.01 时，表示中介效应具有统计学意义。

如表 4-24 所示的 EL→OI→JPO 路径可知，组织认同在道德型领导与工作心理所有权之间的中介效应估计值为 0.186（ρ < 0.001），95% 的置信区间为 [0.078, 0.321]，不包含 0，可以判定为部分中介。因此，假设 H7b 得到验证，且为部分中介。即道德型领导部分通过增强员工组织认同，对员工的工作心理所有权产生影响。

如表 4-24 所示的 EL→OI→OPO 路径可知，组织认同在道德型领导与组织心理有权之间的中介效应估计值为 0.295（p < 0.001），95% 的置信区间为 [0.188, 0.436]，不包含 0，可以判定为部分中介。因此，假设 H7a 得到验证，且为部分中介。即道德型领导部分通过增强员工组织认同，对员工的组织心理所有权的提升产生影响。

如表 4-24 所示的 EL→OI→PR 路径可知，组织认同在道德型领导与良好人际关系之间的非标准化效应值为 0.229（ρ < 0.001），标准化效应值 ab = 0.28，95% 的置信区间为 [0.144, 0.344]，不包含 0。说明存在中介效应。但是道德型领导对良好人际关系影响的直接效应值为 0.148 不显著（ρ = 0.103，ρ > 0.05），且为 95% 的置信区间为 [-0.03, 0.306]，包含 0。根据温忠麟的检验程序要求，发现组织认同在道德型领导和良好人际关系之间的中介效应为完全中介。因此，假设 H6a 得到验证，且为完全中介。即道德型领导完全通过增强员工组织认同，对员工的良好人际关系的提升产生影响。

如表 4-24 所示的 EL→OI→PG 路径可知，组织认同在道德型领导与个人成长之间的中介效应估计值为 0.28（ρ < 0.001），95% 的置信区间为 [0.197, 0.396]，不包含 0，可以判定为部分中介。因此，假设 H7a 得到验证，且为部分中介。因此，假设 H6b 得到验证，即道德型领导部分通过增强员工组织认同，对员工的个人成长产生影响。

4.6.2 关爱型道德气氛的调节效应回归分析

使用 SPSS 25.0 工具，采用层次回归分析检验关爱型道德气氛在道德型与组织认同之间的调节作用。分层回归分析涉及两个模型（模型 1 的自变量为道德型领导和关怀型道德气氛为调节变量，模型 2 在模型 1 的基础上加入 1 个交互项变量），模型 1 的 R^2 为 0.266，模型 2 的 R^2 为 0.276。从模型 1 到模型 2 变化时，模型的 R^2 更改为 0.01，并且呈现出显著性的变化（Sig. F 更改为 0.041）。

从两个模型的 ANOVA 检验中可以看出两个模型的 ρ 值（Sig 值）均为 0.000，小于 0.01，说明分别在两个模型中，至少有一个自变量会对因变量产生显著影响。

根据两个模型中变量的显著性情况发现，无严重共线性问题。在模型 1 中，道德型领导呈现出 0.001 水平的显著性（$\rho = 0.000$），因此说明自变量道德型领导对因变量组织认同产生显著正向影响。在模型 2 中，道德型领导和关爱型道德气氛的交互项呈现出显著性，ρ 值为 0.041，小于 0.05，而且道德型领导对组织认同产生显著正向影响，说明在道德型领导影响组织认同的过程中，关爱型道德气氛起着调节作用，因此假设 H8 得到验证。

表 4 - 25 显示，关爱型道德气氛对道德型领导与组织认同之间的关系起负向调节效应。调节作用是指一个变量（Z）影响了另外一个变量（X）对 Y 的影响。调节变量影响自变量与因变量之间的关系，既可以是对关系方向的影响，又可以是对关系强度的影响。由于道德型领导和组织认同之间是正向关系，调节变量关爱型道德气氛是负向的，则表示道德型领导和组织认同之间的正向关系减弱。总之，关爱型道德气氛的负向调节效应，说明调节变量越高，其调节效应越不明显；相反，调节变量越低，其调节效应越明显。当关爱型道德气氛越高时，道德型领导对组织认同的影响越不明显；而当关爱型道德气氛越低时，道德型领导对组织认同的影响越明显。

表 4-25 关爱型道德气氛在道德型领导与组织认同之间
起负向调节效应的结果汇总

模型	模型 1		模型 2	
	B	标准误	B	标准误
常数	5.973 ***	0.045	6.010 ***	0.048
道德型领导	0.295 ***	0.052	0.253 ***	0.056
关爱型道德气氛	0.246 ***	0.052	0.256 ***	0.052
道德型领导 × 关爱型道德气氛	—		-0.071 *	0.035
R^2	0.266 ***		0.276 ***	
调整 R^2	0.261 ***		0.269 ***	
F 值	55.69 ***		38.922 ***	
ΔR^2	—		0.01 ***	
ΔF 值	—		4.617 ***	

注：* $\rho < 0.05$，** $\rho < 0.01$，*** $\rho < 0.001$。

由于道德型领导与关爱型道德气氛的交互项系数为负（β = -0.071，$\rho < 0.05$），说明关爱型道德气氛高时，道德型领导对组织认同的预测作用受到关爱型道德气氛的影响而减弱，当关爱型道德气氛低时，它们之间的关系会增强。如图 4-7 所示。

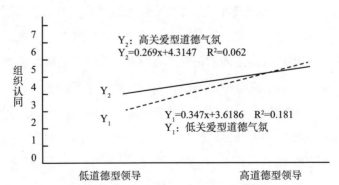

图 4-7 不同水平的关爱型道德气氛在道德型领导影响组织认同的水平的差异

资料来源：由笔者绘制。

4.7 假设检验结果汇总

本书以华东、西北、华北等地区的物业管理企业为样本，通过自变量道德型领导对中介变量组织认同和因变量心理幸福感、心理所有权的直接或间接影响的实证分析，以及关爱型道德气氛对道德型领导和组织认同之间关系的调节作用的实证分析，得出支持假设的结论，现将假设检验结果汇总如表4-26所示。

表4-26   假设检验结果汇总

编号	假设	结论
H1	道德型领导对心理幸福感有显著的正向影响	成立
H1a	道德型领导对良好人际关系有显著的正向影响	成立
H1b	道德型领导对个人成长有显著的正向影响	成立
H2	道德型领导对心理所有权有显著的正向影响	成立
H2a	道德型领导对组织心理所有权有显著的正向影响	成立
H2b	道德型领导对工作心理所有权有显著的正向影响	成立
H3	道德型领导对组织认同有显著的正向影响	成立
H4	组织认同对心理幸福感有显著的正向影响	成立
H4a	组织认同对良好人际关系有显著的正向影响	成立
H4b	组织认同对个人成长有显著的正向影响	成立
H5	组织认同对心理所有权有显著的正向影响	成立
H5a	组织认同对组织心理所有权有显著的正向影响	成立
H5b	组织认同对工作心理所有权有显著的正向影响	成立
H6	组织认同在道德型领导与心理幸福感间起部分中介效应	成立
H6a	组织认同在道德型领导与良好人际关系之间起完全中介作用	成立

编号	假设	结论
H6b	组织认同在道德型领导与个人成长之间起部分中介作用	成立
H7	组织认同在道德型领导与心理所有权间起部分中介作用	成立
H7a	组织认同在道德型领导与组织心理所有权间起部分中介作用	成立
H7b	组织认同在道德型领导与工作心理所有权间起部分中介作用	成立
H8	关爱型道德气氛对道德型领导与组织认同之间的关系起调节作用	成立

第 5 章

结论与展望

本书在道德型领导、组织认同、心理幸福感、心理所有权、关爱型道德气氛的相关文献述评和半结构化访谈的基础上，采用 SPSS 25.0、AMOS 17.0、SEM 工具，对来自中国物业管理行业内的 8 家全国性或区域性物业管理公司开展自陈式问卷调查，并对该样本进行信度分析和效度分析，其中效度分析包括了内容效度分析、探索性因素分析、验证性因素分析、收敛（聚合）效度分析和区分效度分析等；根据哈曼的单因素检验分析方法，检验了样本的共同方法偏差问题；根据不同的统计方法，进行了描述性分析、相关分析、回归分析、路径分析、结构方程统合模型分析和差异性分析（包括独立样本 t 检验和单因素方差分析）等，分析了人口统计学变量对各变量的影响，以及道德型领导、组织认同、心理幸福感（包括良好人际关系、个人成长）、心理所有权（包括组织心理所有权、工作心理所有权）、关爱型道德气氛等变量之间的关系。

5.1 结论与讨论

本书研究结果支持了所有假设，具体结论如下。

5.1.1　道德型领导能正向预测心理幸福感（人际关系和个人成长）和心理所有权（组织心理所有权和工作心理所有权）

道德型领导能正向预测心理幸福感和心理所有权，这一点与詹姆斯等（James et al.，2012）的研究结果基本是一致的。詹姆斯等（2012）向来自同一所大学的1319名成年劳动者征集了异质性样本，主要选取具有一定公司领导能力的大公司老板、高级经理或合伙人的校友，数据收集分为两个时间段，间隔7～14天。在MPlus软件中使用最大似然估计的全结构方程模型分析验证了道德型领导对员工心理幸福感和心理所有权的影响，其中道德型领导与心理所有权正相关（$b = 0.41$，$\rho < 0.01$），道德型领导与心理幸福感正相关（$b = 0.20$，$\rho < 0.01$）；而本书在Amos软件中使用最大似然估计的全结构方程模型分析，显示道德型领导对心理所有权有显著正向影响（$b = 0.43$，$\rho < 0.001$），道德型领导对心理幸福感有显著正向影响（$b = 0.22$，$\rho < 0.001$）。这说明，在一定程度上，当员工认为自己与一位强化得体行为并身体力行的道德领导一起工作时，他们可能会更快乐、更有归属感。

本书与詹姆斯等（2012）的研究结果在整体上虽然是一致的，但内容上有所不同。

（1）研究对象不同。

本书的被试来自中国物业管理行业的从业人员。

（2）量表的来源不同。

道德型领导的量表，本书研究与詹姆斯等（2012）的研究都采用了布朗等（2005）的10个项目测量工具。但是，心理所有权的量表，詹姆斯等（2012）采用了埃维等（Avey，2009）的12个项目测量工具，而本研究采用了皮尔斯等（Pierce et al.，2004）两维度共12个题项的测量工具；心理幸福感的量表，詹姆斯等（2012）采用了以伯克曼（1971）为基础并借鉴布拉德伯恩和开普罗维茨（1965）的题项修改而成的测量工具，而本研究采用了瑞夫和凯斯（1995）的六维模型测量工具。从另一个侧面再次验证了道德型领导对心理幸福感和心理所有权有显著的正向影响。

（3）本书还对心理幸福感和心理所有权的不同维度进行了分析验证。

瑞夫和凯斯（1995）的心理幸福感包括有六个维度，即自我接受、个人成长、生活目标、良好人际关系、环境控制以及独立自主，本书选取了良好人际关系和个人成长这两个维度，并作了进一步的分析验证，结果显示道德型领导能正向预测良好人际关系（$b = 0.14$，$\rho < 0.05$）和个人成长（$b = 0.22$，$\rho < 0.001$）。皮尔斯等（2004）的心理所有权包括组织心理所有权和工作心理所有权，研究结果显示道德型领导能正向预测组织心理所有权（$b = 0.32$，$\rho < 0.001$）和工作心理所有权（$b = 0.43$，$\rho < 0.001$）。

以上结果显示，道德领导通过角色塑造，关心下属的个人成长，支持员工建立良好人际关系，鼓励员工参与公司治理，让员工感知到在工作环境中明确的道德规范，从而产生积极的心理影响。由于有道德的领导者倾向于公开反对不恰当的组织行为，并强调与员工一起做正确的事情，这些行为鼓励员工通过观察学习做出同样的行为（Bandura，1977）。有道德的领导者倾向于倾听员工的担忧，在更大程度上得到员工的信任（Brown et al.，2005），从而为员工的个人成长和建立良好人际关系提供条件和支持，使员工更加信任领导，对工作更积极，对组织更有归属感，从而产生积极的工作心理所有权和组织心理所有权。

该理论研究进一步证实了道德型领导体制与中国儒家德治思想的高度契合，这与以往仅从企业管理的角度研究道德型领导的影响效应有所不同，本书从中国传统儒家文化视角验证推导道德型领导体制的适用性和可靠性，使管理者和员工易于理解和接受，将社会学和管理学相结合的逻辑推导方式，也为以后的研究提供了新的理论推导方式。

本书为实现人们对美好生活的向往，为工作中也能实实在在地获得幸福感，为企业实现员工对企业的忠诚度和责任感（Avey et al.，2009），为满足员工对"家"、效能和自我认同的需求（Pierce et al.，2001），为形成员工个人价值实现与企业目标高度一致的心理所有权，从而提高企业管理绩效，从理论上找到了一种新的路径和方法。在前人研究道德型领导对心理幸福感和心理所有权影响的基础上，采用结构方程（SEM）的统合模型分析方法，利用中国物业管理行业企业的数据，进一步验证和完善了这一理论模型的主效应，进一步拓展了领导力研究领域。

5.1.2 组织认同能正向预测心理幸福感（人际关系和个人成长）和心理所有权（组织心理所有权和工作心理所有权）

组织认同是指组织成员与组织在行为与观念上趋同，继而感觉自身对组织既有非理性的归属感，又存在理性的契约和责任感（Rolf Van Dick et al.，2007）。可以说，高组织认同的组织成员在观念与行为上与组织存在一致性和情感联结，例如遵从企业的规章制度，心理上对组织有归属感和依赖感，并对组织尽心尽力。根据社会认同理论，员工组织认同度越高，则越感受到自己归属于该组织，越会产生一种主人翁意识，从而维护组织形象，将个人的成就与组织的存亡联结起来，表现出更多的积极态度和行为，影响心理所有权和心理幸福感。切尼（Cheney，1983）提出组织认同的效果会涉及组织内的决策、工作态度、动机、工作满意、工作表现、目标达成等多个层面。泰弗尔（Tajfel et al.，1986）和特纳（Turner，1987）等均提出当人们对某种团体产生认同时，会产生去个人化，与团体有命运共同感等感受，且会有内团体偏私行为，具体表现为组织成员会更愿意与组织有更多的紧密联系，且有较多的合作行为、较多的与组织对手竞争的动力以及较多的组织公民行为。李等（2015）认为，组织认同独立于工作态度，作为认同的一个方面，组织认同为员工工作满意度创造了最佳条件，对组织的认同决定了个人经历的工作方式。具体来说，如果员工认同组织，他们可能会认为自己的工作更有意义，因为他们的工作支持了他们的自我概念。认同组织可能会转移员工的注意力和行动，使他们在工作中寻找并记住更多积极的经历或积极的心理。因此，积极的组织认同能促进更高的工作满意度。

本书获得了类似的多个结论，即组织认同能正向预测心理幸福感（b = 0.60，ρ < 0.001），组织认同能正向预测良好人际关系（b = 0.53，ρ < 0.001），组织认同能正向预测个人成长（b = 0.59，ρ < 0.001），组织认同能正向预测心理所有权（b = 0.35，ρ < 0.001），组织认同能正向预测组织心理所有权（b = 0.47，ρ < 0.001），组织认同能正向预测工作心理所有权（b = 0.27，ρ < 0.001）。

因此，有高度组织认同感的员工即使在没有监督的情况下也会做出最符合组织利益的行为（宝贡敏等，2006），相对于组织认同感低的员工，组织认同感越高，对工作和组织产生积极态度和行为的可能性就越大。组织认同感越高，个体与组织的价值观和目标越一致，在工作中越能体验到实现个人价值或发挥个人潜能的快乐和幸福感，对个体成长和人际关系体验越显著；组织认同感越高，对组织的归属感和成员感越强，对工作和组织的责任感和控制感越强，对工作和组织的心理所有权越显著。

5.1.3 组织认同在道德型领导对心理幸福感（良好人际关系和个人成长）和心理所有权（组织心理所有权和工作心理所有权）的影响中分别具有中介作用

（1）道德型领导对组织认同有显著的正向影响。

达米安等（Damian et al.，2019）研究发现具有道德领袖的人员从事较少的不道德行为。布朗和特维诺（Brown & Trevino，2006）提出领导者通过模仿来影响追随者的道德行为。领导者的道德行为和期望在影响组织的氛围和促进亲社会的工作场所行为方面起着很大的作用。布朗等（Brown et al.，2005）指出道德型领导具备诚实、关心体谅追随者、正直、公正、以身作则、对道德和不道德行为奖罚分明、依据道德规范决策等个性特征。许颖（2016）基于对中国多地企事业单位502位员工的问卷调查，在考察道德型领导对员工组织不当行为的影响并分析其中间机制时，发现道德型领导对组织认同有显著的正向影响（β=0.25，ρ<0.001）。贝迪等（Bedi et al.，2016）利用一元分析方法发现伦理领导能够预测组织认同。虽然组织认同的量表来源有所不同，但其结果基本是一致的。而本研究中也进一步验证了道德型领导能正向预测组织认同（b=0.52，ρ<0.001），说明道德型领导行为将使下属员工的自我身份认定与组织认定趋于一致，进而对员工的组织认同产生积极影响。

（2）组织认同的中介效应。

本书中的组织认同中介效应，与达米安等（Damian et al.，2019）的研究结果有一定的相似性。布朗和米切尔（Brown & Mitchell，2010）提出认同可能会促进伦理领导者在促进亲社会组织行为方面的有效性。达米安等（Damian et al.，2019）以3390名军人为样本，考察了组织认同在道德领导与组织结果（如士气、工作满意度和职业意向）之间的中介作用。研究结果显示，受访者对其领导或主管的道德认知对士气有间接影响，而间接影响是通过组织认同产生的。在进入具有道德型领导主效应的组织认同进行回归分析时，发现伦理领导（B=0.35，SE=0.02，ρ<0.001）、组织认同（B=0.36，SE=0.02，ρ<0.001；Sobel检验：z=8.74，ρ<0.001）。可知，感知道德领导水平越高，组织认同就越高，进而可以预测组织结果（即士气、工作满意度和离职意向）。这与布朗和米切尔（2010）的研究结果也是一致的，有道德领导的成员能被激励去认同他们的组织，以此来创造一个积极的自我概念。杨琦和刘明霞（Qi Yang & Ming - Xia Liu，2014）发现组织认同在道德领导与员工表达行为之间起到了中介作用，对更高的道德领导的感知导致更

高的组织认同，组织认同导致更多的员工表达行为。而本书中的组织认同在道德型领导对心理幸福感（良好人际关系和个人成长）和心理所有权（组织心理所有权和工作心理所有权）的影响中具有部分中介作用。具体来说，组织认同在道德型领导和心理幸福感之间具有部分中介作用（β=0.206，ρ<0.001）（β表示中介效应值，下同）；组织认同在道德型领导和良好人际关系之间具有完全中介作用（β=0.312，ρ<0.001）；组织认同在道德型领导和个人成长之间具有部分中介作用（β=0.227，ρ<0.01）；组织认同在道德型领导和心理所有权之间具有部分中介作用（β=0.163，ρ<0.001）；组织认同在道德型领导和组织心理所有权之间具有部分中介作用（β=0.171，ρ<0.001）；组织认同在道德型领导和工作心理所有权之间具有部分中介作用（β=0.281，ρ<0.001）。

本书利用结构方程方法为这些效应背后的中介机制提供了新的见解，为实现员工内在动机和管理绩效的提升，提供了新的路径和理论架构。道德领导以独特的方式影响员工的心理所有权和心理幸福感。根据基于自我决定理论的工作动机理论模型，即"自主性支持环境（道德型领导风格）—基本心理需求（自主、胜任和关系需求）—工作动机（自主性动机）—结果（积极地态度和行为）"的理论模型（张春虎，2019），道德型领导通过让组织满足员工的自主、胜任和关系需求，强化员工的组织认同，激发员工的工作动机，从而提高员工的心理所有权和心理幸福感。组织认同中介机制的研究结果显示，道德领导可以通过关心员工的个人成长，帮助员工建立良好人际关系，支持员工参与公司治理和决策，鼓励员工及时表达和改进想法，满足员工的"自主、胜任和关系"这三种基本需求（Ryan & Deci，2017），让员工体验到工作活动的意愿感、意志感和选择感（Gagne & Deci，2005），既可以增强或维持高质量的持久的自主性动机，来增进员工的心理幸福感，又能够激发员工对工作和组织的占有感和责任感，把工作和组织作为自我概念的一部分（Steel et al.，1997），强调自我认同，从而来增进员工心理所有权。员工通过参与、建言等行为会增强他们的安全感、归属感和占有感的有效性，增强他们在心理上受益。本书的研究发现证实了早期的相关发现，并通过确定组织认同在这一过程中的中介作用来解释这一关系，这种关系可以简单地概括为有道德的领导者通过激发员工的内在工作动机和对工作的责任感，然后通过组织认同的行为加强心理幸福感和心理所有权。

当道德型领导在组织内履行的道德理念和行为与员工内心的价值观相契合时，员工就能感知到与组织的一致性，内心产生强烈的归属感，进而在行为上体现出高度的忠诚度，把企业作为自己的企业，把工作作为自己的工作，把企业目标内化为个人目标，更愿意为维护组织的价值观和目标作出贡献，甚至牺牲个人利益，在实现个人价值和维护组织价值的过程中自然而然地产生心理幸福感。

5.1.4 关爱型道德气氛对道德型领导与组织认同之间的关系起调节作用

道德领导可以通过个人行为和人际关系展示规范恰当的行为，并通过双向沟通、强化和决策向追随者推广这种行为（Brown，Trevino & Harrison，2005）。有效的道德领导者更注重成为一个可信的道德榜样，而不是拥有权力和知名度（Brown & Mitchell，2010），领导者通过树立榜样来影响追随者的道德行为，领导者本身的道德行为和期望也可以促进和提升组织认同感。根据社会学习理论中的交互决定论（Bandura，1986）和自我决定理论外部动机，组织道德环境是影响员工道德行为的关键因素（Arnaud，2010），组织气氛会影响员工的态度和行为，包括组织承诺、组织认同和工作满意度等（Arnaud & Schminke，2012）。本书证实了道德气氛在组织层面上能调节道德型领导对组织认同的正向影响。

道德氛围是组织内占主导地位的某种道德理念或规范，是组织氛围的一种。道德氛围是组织成员对组织的一种集体感知，是符合道德的行为或按道德规范处理困境的体验和认知（张四龙等，2014），包括组织期望、组织奖励、组织伦理政策、组织程序与实践等（Schminke，Arnaud & Taylor，2015）。研究发现道德氛围能正向调节职场不文明行为与道德愤怒之间的关系（郭家钰，2019）。伦理氛围能正向调节伦理型领导与知识型员工情感承诺之间的关系（$\beta = 0.097$，$\rho < 0.01$）（蒋丽芹等，2018），同时也说明在关爱型道德气氛影响下，道德型领导能正向影响员工的组织认同和工作投入，并进一步影响员工对组织的归属感、自豪感和忠诚度等。而本书中道德型领导对组织认同有显著的正向影响（$\beta = 0.253$，$\rho < 0.001$），且道德型领导与关爱型道德气氛的交互项系数显著为负（$\beta = -0.071$，$\rho < 0.05$），出现了负向调节效应，说明中国物业管理行业的企业管理层中，并非所有组织的领导者都会实施道德行为。也说明当组织处于低关爱型道德气氛时，会降低员工对工作的集中度和专业度。低关爱型道德气氛会减弱员工的组织认同和情感依附，员工更关注自身利益或既得利益，甚至出现违背组织道德规范的不道德行为。本书也进一步说明当关爱型道德气氛高时，道德型领导对组织认同的预测作用因受到关爱型道德气氛的影响而减弱；当关爱型道德气氛低时，则对它们之间关系的影响会增强。通过对组织层面的关爱型道德气氛调节机制的验证，表明领导者道德水平越高，组织道德气氛越高，对组织认同或组织绩效的影响也会越高。本书引入关爱型道德气氛这一调节变量，并与道德型领导交互作用来影响组织认同的研究，突破了以往学者仅强调领导者道德这一因素的研究。

5.1.5 婚姻状况、不同职级和年龄段都会对相关变量产生重要影响

（1）在95%的置信水平上，婚姻差异对道德型领导的感知产生了

显著影响。

也就是说，已婚和未婚在对道德型领导的感知上是有显著差异的，其中，针对道德型领导的接受程度而言，已婚均值为 6.017，未婚均值为 5.748，均值差异为 0.269，说明，相对于未婚员工，已婚员工更愿意接受道德型领导风格，这可能和家庭责任有关。

（2）在 95% 的置信水平上，在均值差异检验中发现，不同职级的员工在组织认同、工作心理所有权、心理所有权上有着显著性的差异（$\rho < 0.05$）。

根据事后检验（两两比较）发现，物业管理公司的中层及以上干部（副经理、经理、区域总经理）比普通职员（管理员、班组长、主管）对公司的组织认同、工作心理所有权和心理所有权水平更高。这与储小平和刘清兵（2005）在研究职业经理职务侵占行为时发现的员工职务级别越高对组织的心理所有权越高的结论是基本一致的。

物业管理公司中层以上管理干部是公司的中坚力量，是维护现有体制运行的骨干力量，相对于普通职员，他们拥有更多的资源，对公司的价值观和目标有更多相似性，有更强的成员感和忠诚度，自然而然地形成了组织认同感；职级越高，拥有的资源越多，工作投入越多，对企业越了解，自身利益与企业利益的关系越紧密，越有占有和掌控的欲望以确保企业按自己理想中的正确轨道运行，从而形成对企业的心理所有权。相对于普通职员，公司中层以上干部在工作上承担着更大的责任，对工作投入更大，更愿意将工作以外的时间无偿投入到工作中，表现出更多的工作心理所有权。从实际走访和访谈中，也了解和证实了大部分物业管理项目经理及以上干部都存在着类似的贡献。

（3）在 95% 的置信水平上，不同年龄段的员工对心理幸福感和个人成长的感知上有着显著的差异（$\rho < 0.05$）。

本书与瑞夫等（1989）实证研究结果基本一致。瑞夫等（1989）发现在个人成长方面，年轻人和中年人的得分显著高于老年人。本书研究发现在个人成长和心理幸福感的体验方面，20～49 周岁的员工与 50～59 周岁的员工有显著差异，20～49 周岁的员工明显高于 50～59 周岁的员工。其中，30～39 周岁的员工高于 20～29 周岁的员工，20～29 周岁的员工高于 40～49 周岁的员工。俗话说"三十而立，四十不惑，五十知天命"，30～39 周岁的中年人，属于年富力强精力充沛，且处于最佳的事业上升期，能为自己的个人成长营造良好的环境，把企业当作自己施展才华的平台，借助企业平台实现自我价值或发挥潜能，30 岁左右是最具竞争力的年龄段，从而可以获得更多的幸福感和个人成长空间，实现个人价值的幸福体验也可能是最多的。40～49 周岁的员工其个人成长和心理幸福感明显有所下降，50～59 周岁的员工降至最低。可见，在物业管理这个行业里，40 周岁以后，"四十不惑"的员工对今后的人生目标和发展轨迹已经比较清晰，其工作热情和斗志也在不断地下降，这一时期又是人生奋斗的转折时期；"五十知天命"的员工对未来的人生轨迹越发清晰，社会竞争力越来越弱，会逐步放弃对个人成长的追求，甚至要为退居二线或离开工作岗位做好打算，失落的过程也是幸福感最低的阶段。

5.2 对管理的启示

5.2.1 重视企业的商业道德

无论从世界范围还是从中国国内所发生的一系列违反商业道德的行为所造成的社会影响力和破坏力来看，社会对企业违反商业道德的行为的容忍度越来越低，一旦出现道德信用危机，不仅对社会造成影响，对企业及其领导而言可能是致命的。因此，所有企业都要重视商业道德规范和道德行为，自觉抵制不道德行为。研究表明，道德领袖可以通过促进员工更多地认同本组织，从而促进员工积极的工作态度和结果（如心理幸福感和心理所有权）。在实践中可以培养积极的道德领导以减少不道德行为，这对所有组织都很重要。这就需要在企业中推动和实施道德型领导这一管理风格，尤其要重视创始人、继承人以及领导群体。能否推行道德型领导体制的关键因素在于领导，领导不仅要以身作则起榜样作用，还要通过与员工的双向沟通、奖惩等手段来维护这一领导体制。领导是道德型领导风格的核心要素，领导一定要具备描绘出能让员工实现个人和社会价值的企业愿景，具备正直、诚实、公平和关心下属，以及值得员工信任的个人特征，在行动上能以身作则，起道德模范作用，能与下属双向沟通道德原则、标准和价值观等，还能通过奖惩制度维护道德型领导的企业文化氛围。对于中国物业管理企业来说，要改进和鼓励领导者和员工之间基于信任的伦理关系的方法，而不是专注于与政策改变相关的方法（Park，Rehg & Lee，2005）。

同时，还要营造企业道德氛围，打造遵守社会和企业道德规范的企业文化，尤其要增强关爱型道德气氛的内容。关爱型道德气氛是以仁慈理论为基础，强调个体决策应该关注他人利益，能感知到人们对组织乃至整个社会中其他人的道德关怀，在组织政策、实践和战略上都体现出支持员工关心他人利益。研究表明关爱型气氛最受员工欢迎（Koh & Boo，2001；Cullen et al.，2003）。道德领导与中国的儒家文化中核心思想德治主义相匹配。儒家的德治主义，主要以道德去感化和教化人，蕴含着道德领导规范：企业要重视道德型领导的培养，重视道德型领导的自我意识特征和建立透明的上下级关系。此外，在企业中推行道德型领导体制，也是顺应时代发展要求的，它必将成为中国社会转型升级后未来企业管理的主流模式。研究表明，从事有意义的工作也有助于个体满足自我整合和自我实现的需要（Treadgold，1997）。这反过来又会降低员工的压力和抑郁程度，提高幸福感。与此同时，因工作失误、诉讼、生产力损失、医疗成本和其他因素导致的与工作有关的心理疾病和幸福感的下降给组织带来的财务成本是惊人的（Cascio，2013；Cascio & Boudreau，2011）。因此，通过道德领导提高追随者的意义感可能会在组织中产生许多第一级和第二级的积极影响。

5.2.2 营造关爱型组织道德气氛的企业文化

瑞斯尼斯基等（Wrzesniewski et al.，2003）认为，金钱已经失去了作为核心激励因素的一些相对权力，当前这代员工越来越重视物质奖励以外的东西，他们希望通过工作对其社会环境和组织效率产生影响（Chalofsky & Neal，2003；Rousseau et al.，2006）。尤其是在中国经济的快速发展和人民对美好生活的向往与追求的时代中，当前的人们更重视生活和工作的获得感和幸福感。

在组织的人力资源实践中，要强调在选拔、晋升和奖励系统中纳入对道德领袖的识别，强化组织认同。组织认同还会有许多重要影响，如对组织的忠诚度和自豪感、额外努力和组织公民行为（Edwards，2005；He & Brown，2013）。让员工感知到自己的价值理念与企业目标相一致的认知和体验，使得员工感知工作有意义。因此，企业有必要建立一个能够体现关爱的道德气氛的文化氛围，营造实施道德领导良好的组织氛围，积极影响员工的组织认同和心理所有权，打造一个讲道德的有幸福感的企业。从负向调节效应的情况分析，中国物业管理企业内还有待于大力倡导道德规范和理念的教育培养，促进道德领导群体发展和领导力水平，能够积极影响员工的心理幸福感和心理所有权。

5.2.3 构建能体现幸福感的讲道德的企业制度

党的十九大报告指出："使人民获得感、幸福感、安全感更加充实、更有保障、更可持续。"美好生活的核心是人的幸福体验，而幸福感不仅体现在生活上，还体现在工作上。而中国的物业管理企业是典型的劳动密集型的服务型企业，劳动力成本是最主要的成本支出，因此，如何降低员工的管理和监督成本也是企业最为关心的焦点问题，破解这一难题的办法就是最大限度地激发员工工作主动性（王庆喜，2004）。在当今的经济活动中，相信人力资源重要性的管理者需要能够客观地展示如何衡量、开发人力资源的投资，并为一个理想的回报发挥杠杆作用。换句话说，人力资源的替代投资如何被资本化，并作为竞争优势的来源，不仅影响短期盈利能力，还影响长期生存和未来增长（Luthans et al.，2004）。人力资源开发（human resource development，HRD）的目的是提高组织绩效，促进员工学习和发展（Garavan & McGuire，2010）。然而，绩效驱动的人力资源开发实践主要关注短期绩效，而不是组织中个人的福祉和从人文社会科学的角度出发对人的潜力的整体发展（Ardichvili，2013），因此绩效驱动的人力资源开发也受到了批评，基于这些批评，员工不再被视为只是一项需要最小化的成本或是一项需要开发的资产（Becker，Carboli & Langella，2010）。特别是在应对当前经济挑战问题采用的裁员、重组、外包和其他精减的人力资源的削减方法时，将人力资源视为必要的资本投资从来没有像现在这样重要过，因此，我们将人力资源管理转向人力资本管理，将人力资本、社会资本和积极心理资本的管理转化为有竞争优势的资本投资。

（1）建立高绩效考核的人力资源管理实践办法。

越来越多的证据表明，人力资源对组织的成功至关重要，并且可能为持续的竞争优势提供最佳的投资回报。杰弗里·费弗尔（Jeffery Pfeffer）在《人力资源方程式》（The Human Equation）中总结了他的大量工作，得出一个不容乐观的事实，即今天只有大约一半的组织及其经理相信人力资源真的很重要，而这一半人中的一半人，真正能坚持自己的信念，并长期致力于采用高绩效人力资源的管理实践方法或举措，例如 360 度反馈、绩效薪酬、心理测试、道德规范、企业道德文化和其他以人为本的举措，在实际中应用得并不广泛。

（2）改革和完善高绩效管理的人事制度。

人力资源开发的角色不仅包括确保组织利益，还包括培养道德和负责任的领导者，以支持企业的责任（Blakeley & Higgs，2014；Garavan & McGuire，2010）。因此，培养具有道德和社会意识的领导力是人力资源开发的关键作用，因为领导者正向的价值观和行为可以催化出负责任和道德的组织文化（Baek & Kim，2014；Blakeley & Higgs，2014）。人力资源管理要向人力资本管理转型，包括招聘、选拔、培训、薪酬和晋升等每一个环节的资本管理。班杜拉（Bandura，1986）认为，培训员工的自我效能感可以使员工在工作中产生胜任感。在决策过程中，对员工开明的道德领导者和好的倾听者可能会让下属产生参与感，使他们感受到尊严和自治权（Zhu，2008）。组织可以通过科学训练改变管理者的领导行为，让管理者表现出更多的道德型领导行为和对组织的认同，进而塑造下属对组织的积极态度。中国企业的员工更在意领导行为，认可领导就意味着至少从部分上认可了组织。在招聘、选拔、晋升以及薪酬体系设计中，要重点考虑与道德型领导体制的理念和价值观相一致的考评标准。

（3）构建企业信息沟通顺畅的平台，强化员工的组织认同感和心理所有权。

斯米茨（Smidts，2001）发现沟通氛围对组织认同的影响显著，沟通氛围又取决于信息的充足性，这种充足性又涉及组织信息和个人信息。利用不同的信息发布平台，及时公布员工关心的信息，建立顺畅的上下沟通平台，不让小道消息充斥着公司内部，让不同层次的员工有更多的机会参与公司重大决策，鼓励员工建言，让员工有更多了解企业目标愿景及运营等的机会，在职责范围内给予员工更多的自主权和控制权，让员工对企业有归属感、责任感和占有感，提高员工对企业的心理所有权，树立员工的主人翁意识。组织认同在道德型领导对心理所有权和心理幸福感的影响中具有部分中介效应，因此，要重视组织认同的积极影响，预防和消除消极影响，比如在企业改革或转型等特殊时期，高组织认同的员工可能因过于忠诚原有的生态环境和利益而抵制组织改革或转型。

5.3 研究局限与未来研究

5.3.1 研究局限

（1）样本数据采集的局限。

本书采用自陈式问卷，存在一些固有的局限。首先，理论中的变量在某种程度上都属于知觉或心理感受层面上的概念，被试不一定完全理解题项所表达的意思而导致其感知与自己对组织的评价或情感反应相混淆；其次，员工的回答可能还存在社会称许偏差；最后，采用自我报告的问卷形式，在一定程度上存在同源偏差，这会导致数据的污染，甚至放大变量间的关系。本书是利用横断面数据对假设进行检验，使用自我报告的调查方法收集数据，这可能会导致反应偏差，尽管我们在单因素检验和单因素模型的基础上测试了常见方法的偏差，但不能推断出因果关系或模型随时间的稳定性。本书如果采用纵向研究（longitudinal approach）和时间序列数据（panel data），其可靠性应该会更高。

（2）分析方法的局限。

本书对假设的检验采取的是结构方程模型，结构方程模型的优点在于可以分析潜变量的关系，缺点在于不能分析路径或层次过多的复杂模型，否则其拟合优度指数难以达到要求，同时，概念不一致的变量也不能同时纳入模型分析。比如，心理幸福感和心理所有权各有两个二级维度，变量过多路径复杂，会导致模型和数据整体拟合不是很好，也就是拟合指数达不到要求，只能对各变量分开测试再验证性因子分析（CFA）。

（3）测量量表的文化差异问题。

受限于研究条件及研究时间，本书对各变量的测量都是采用已有的成熟问卷，这些问卷基本上都是以欧美文化为背景而不是针对我国文化背景开发的，用这些问卷进行测量可能会存在一定的偏差。本书是从中国样本中收集数据的，研究结果在一定程度上会受中国文化和体制的影响。中国文化中含有显著的集体主义精神，而相对于个体，在集体主义文化中个人情感更倾向于与群体建立紧密关系（Markus & Kitayama，1991）。这可能会导致追随者（被试）由于害怕扰乱社会和谐而不太可能表达自己的情绪，只有对他们的认知重新评价，才能体验更有利于社会互动的情绪。此外，雷西克等（Resick et al.，2006）发现，不同的文化倾向于对道德领导有相似的概念化，不同的文化对道德领导的不同方面都有或多或少的重视（例如，一种文化更支持正直而不是利他主义，而另一种文化更支持利他主义而不是正直）。这些潜在的文化差异为测试当前模型的泛化以及跨文化研究提供了机会。因此，未来的研究应该确定和测试额外的潜在介质。

（4）因果循环问题。

道德领导、组织认同和工作态度（包括心理幸福感和心理所有权）可能具有循环关系，因为道德领导有可能会产生最佳的组织条件，在追随者中培养他们的高组织认同和高心理所有权或心理幸福感。与此同时，有道德的领导者与下属以积极的方式互动，也可以提高成员的心理幸福感和心理所有权，从而促进他们对组织的认同。为了克服这一潜在循环关系问题，应根据纵向方法对类似的目标样本进行后续测试。越来越多的人在组织行为的研究中采用纵向研究方法采集数据（Kelloway &

Francis, 2013），未来研究可随着时间的推移，在各种情况下测试现在的模型。

5.3.2　未来研究

（1）扩大研究对象的范围。

本书研究的样本仅限于一种职业——中国物业管理。因此，它限制了将结果推广到其他行业或类型的职业。未来的研究最好通过扩展现有的研究模型来重新审视本书，以获得更高的 Cronbach's alpha 值，选取本土化的问卷。本书选取的量表均来自外国学者开发的成熟量表，更适用于西方国家的文化观念，而开发一套中国儒家文化和集体主义倾向背景下的适合中国企业开展的量表，可以作出更多的学术贡献。由于我们样本中的组织侧重于劳动密集型的服务企业，该模型未来可以在其他部门进行测试，例如那些侧重于制造业、银行和零售的部门，因为各个行业在特征、文化和就业实践方面可能存在相关差异。

（2）扩大调节变量道德气氛的范围。

本书观察到的道德领导的积极影响值得进一步探索，特别是在观察组织结构、系统和环境如何与领导者的道德领导地位相互作用方面。关爱型道德气氛仅是组织道德气氛五个常见维度中的其中一个，道德气氛一般会作为一个整体变量，但本书中仅选取了关爱型道德气氛这一维度作为调节变量，还可以用其他几个维度作为变量来检验调节效应，包括工具型道德气氛、独立型道德气氛、规则型道德气氛、法律与规范型道德气氛等。本书研究基于领导者的道德领导行为，创造一个更和谐的组织道德环境和工作氛围，支持员工形成更高的组织认同，并最终影响心理幸福感和心理所有权水平。因此，今后有必要把通过个体测试到的组织道德气氛感知聚合到组织层次，并探讨组织或团队道德气氛在道德型领导对组织认同或心理幸福感和心理所有权方面的调节效应，进行组织和团队层次的分析或者跨层次分析。个人道德价值观和组织道德气氛不一致时，也可能引发认知失调，还可能对员工的自我认知（包括组织认同和心理所有权等）产生负面影响，从而可能增加不公正感知和报复行为。

（3）组织认同和心理所有权等变量的消极影响研究。

本书研究重点验证了组织认同的中介效应的积极影响，未来还可以探讨组织认同在一定条件下的消极影响。组织内部竞争过于激烈则会降低组织凝聚力，本位主义越严重，组织认同的消极影响越大。员工对组织浓厚的归属感和占有感，可能会影响和阻碍企业的改革。在面对商业伦理与公司利益冲突时，为维护组织利益或工作岗位优势，高组织认同的员工可能会选择在违反社会道德规范或商业伦理情况下采取不道德行为，从而造成消极影响。当高水平的业务收入与"过度认同"的理念联系在一起时，容易受到过度工作的影响，可能会导致员工抑制质疑，去支持不道德的行为（Dukerich et al.，1998）。根据以往的经验和证据也表明，不能对组织认同过度的乐观，过度的组织认同也可能导致不道德行为（Umphress，Bingham & Mitchell，2010）、工作—家庭冲突、合作减少（Polzer，2004）和改变困难（van Dijk & van Dick，2009）等。

有研究指出过强的心理所有权可能会引起员工偏离组织常规以及威胁组织或其他员工利益的异常行为（Robinson & Bennett，1995）。比如，心理所有权对组织变革的影响，既会支持和促使变革，又会阻碍和反对变革。心理所有权太强的个人，可能会因为失去或改变目标物而产生巨大的挫败感，从而在生理和心理健康上产生不良影响（Bartunek，1993），甚至会导致心理障碍和放弃求生的意志（Cram & Paton，1993）。

（4）采用动态数据检验假设。

有学者认为，为了控制共同方法变异/同源方差，研究者可以将预测变量和准则变量的测量值分离，未来的研究建议在两个不同的时间收集数据（Podsakoff et al.，2003）。例如，被调查者可以在第一次数据收集时填写测量预测变量和中介变量的问卷，然后在第二次数据收时填写测量标准变量的新问卷。考虑到本书仅采用自我报告方法收集数据会受通用方法偏差（CMV）的影响，建议未来研究可以通过补充员工实际客观的绩效记录或非自我评估方法来测量变量。考虑到各组织对纵向研究的呼吁越来越多（Kelloway & Francis，2013），因此，建议今后采用纵向研究或时间序列数据对本书中的模型进行研究。

参 考 文 献

[1] 阿尔伯特·班杜拉，陈欣银，李伯黍. 社会学习理论 [M]. 北京：中国人民大学出版社，2015.

[2] 宝贡敏，徐碧祥. 组织认同理论研究述评 [J]. 外国经济与管理，2006，28（001）：39－45.

[3] 曹科岩，曹树基，龙君伟. 心理所有权对员工工作绩效的影响机制研究 [J]. 人类工效学，2009，15（3）：11－13.

[4] 陈浩. 领导方式对员工心理所有权的影响研究 [J]. 技术经济与管理研究，2011（11）：54－57.

[5] 陈咏媛，许燕，张姝玥. 初中生"大七"人格与幸福感的结构模型研究 [J]. 中国特殊教育，2008（8）：86－91.

[6] 储小平，刘清兵. 心理所有权理论对职业经理职务侵占行为的一个解释 [J]. 管理世界，2005（7）：83－93.

[7] 崔春华，李春晖，杨海荣，等. 958 名师范大学学生心理幸福感调查研究 [J]. 中华行为医学与脑科学杂志，2005，14（004）：359－361.

[8] 邓波，马占杰. 对员工主观幸福感形成机制模型的系统分析 [J]. 改革与战略，2008（2）：48－50.

[9] 杜海媚. 领导风格、心理所有权与工作幸福感关系研究 [D]. 杭州：杭州电子科技大学，2014.

[10] 杜旌, 李难难, 龙立荣. 基于自我效能中介作用的高绩效工作系统与员工幸福感研究 [J]. 管理学报, 2014, 11 (2): 215 –221, 243.

[11] 范丽群, 石金涛. 组织伦理气氛与道德行为关系的理论分析 [J]. 华东经济管理, 2006, 20 (7): 53 –56.

[12] 高淑燕, 孙继民. 大学生人格特质与心理幸福感的相关研究 [J]. 首都师范大学学报 (社会科学版), 2009 (S4): 63 –67.

[13] 郭家钰. 目击职场不文明行为对第三方援助行为的影响: 道德愤怒的中介作用与道德氛围的调节作用 [D]. 重庆: 西南大学, 2019.

[14] 韩雪松. 西方组织认同理论对我国企业管理的启示 [J]. 经济体制改革, 2006 (5): 152 –155.

[15] 韩振华, 任剑锋. 社会调查研究中的社会称许性偏见效应 [J]. 华中科技大学学报 (人文社科版), 2002 (3): 47 –50.

[16] 黄芳铭. 结构方程模式: 理论与应用 [M]. 北京: 中国税务出版社, 2005.

[17] 黄静, 文胜雄. 道德领导的本土化研究综述与展望 [J]. 中国人力资源开发, 2016 (3): 12 –18.

[18] 蒋丽芹, 胥永倩, 张迪. 伦理型领导、组织认同与知识型员工情感承诺的关系——伦理氛围的调节作用 [J]. 工业技术经济, 2018, 37 (2): 82 –90.

[19] 雷刚. 魅力型领导对员工绩效的影响: 心理契约的中介作用 [J]. 领导科学, 2020 (10): 47 –50.

[20] 李超平, 时勘. 变革型领导的结构与测量 [J]. 心理学报, 2005, 37 (6): 803 –811.

[21] 李根强. 伦理型领导, 组织认同与员工亲组织非伦理行为: 特质调节焦点的调节作用 [J]. 科学学与科学技术管理, 2016, 37

（12）：125 – 135.

[22] 李军梅. 企业员工心理所有权与员工关联绩效关系的实证研究 [J]. 商场现代化，2008（9）：1.

[23] 李锐，凌文辁，柳士顺. 组织心理所有权的前因与后果：基于"人—境互动"的视角 [J]. 心理学报，2012，44（9）：1202 – 1216.

[24] 连灵. 大学生领悟社会支持和感恩在尽责性和心理幸福感间的序列中介作用 [J]. 心理技术与应用，2017，5（3）：154 – 159.

[25] 连灵，郭胜忠. 大学生宜人性和心理幸福感的关系：领悟社会支持和感恩的链式中介作用 [J]. 中国临床心理学杂志，2017，25（1）：4.

[26] 刘芳，王浩. 组织心理所有权与工作态度、行为和结果的关系研究 [J]. 软科学，2010（9）：124 – 128.

[27] 刘怀伟. 商务市场中顾客关系的持续机制研究——基于顾客的视角 [D]. 杭州：浙江大学，2003.

[28] 刘文彬，井润田. 组织文化影响员工反生产行为的实证研究——基于组织伦理气氛的视角 [J]. 中国软科学，2010（9）：118 – 129.

[29] 卢纹岱. Spss for windows 统计分析 [M]. 北京：电子工业出版社，2002：167.

[30] 芦青，宋继文，夏长虹. 道德领导的影响过程分析：一个社会交换的视角 [J]. 管理学报，2011，8（12）：1802 – 1812.

[31] 吕福新，顾姗姗. 心理所有权与组织公民行为的相关性分析——基于本土企业的视角和浙江企业的实证 [J]. 管理世界，2007（5）：94 – 103.

[32] 罗雪峰，沐守宽. 高中生感恩对心理幸福感的影响：领悟社会支持和基本心理需要的链式中介作用 [J]. 心理科学，2017，40（4）：878 – 884.

［33］马丽波，董广振. 心理所有权作用机理与绩效的相关性：对本土企业的解析［J］. 改革，2010（12）：50－56.

［34］苗元江，朱晓红，陈浩彬. 从理论到测量——幸福感心理结构研究发展［J］. 徐州师范大学学报（哲学社会科学版），2009，35（2）：128－133.

［35］乔志华. 心理所有权与员工工作态度及组织公民行为的关系研究［D］. 天津：天津商业大学管理学院，2007.

［36］荣泰生. 企业研究方法［M］. 北京：中国税务出版社，2005.

［37］苏涛，陈春花，宋一晓，等. 基于 Meta 检验和评估的员工幸福感前因与结果研究［J］. 管理学报，2018，15（4）：512－522.

［38］孙健敏，李秀凤，林丛丛. 工作幸福感的概念演进与测量［J］. 中国人力资源开发，2016（13）：38－47.

［39］王浩，刘芳. 心理所有权理论研究的回顾与展望［J］. 学术研究，2007（10）：70－76.

［40］王庆喜. 企业资源与竞争优势：基于浙江民营制造业企业的理论与经验研究［D］. 杭州：浙江大学，2004.

［41］王荣. 伦理型领导与下属工作幸福感和组织公民行为［J］. 中国临床心理学杂志，2017，25（5）：939－942.

［42］王彦斌. 管理中的组织认同：理论建构及对转型期中国国有企业的实证分析［M］. 北京：人民出版社，2004.

［43］王雁飞，朱瑜. 组织伦理气氛的理论与研究［J］. 心理科学进展，2006，14（2）：300－308.

［44］王一任. 道德型领导与组织公民行为的实证研究——以组织认同为中介变量［D］. 北京：首都经济贸易大学，2013.

［45］王震. 社会学习还是社会交换？——道德型领导对下属工作绩效的作用机制［J］. 经济管理，2014（8）：89－97.

［46］魏钧，陈中原，张勉. 组织认同的基础理论，测量及相关变

量［J］. 心理科学进展，2007，15（6）：948－955.

［47］温忠麟，侯杰泰，张雷. 调节效应与中介效应的比较和应用［J］. 心理学报，2005，37（2）：268－274.

［48］温忠麟，张雷，侯杰泰，等. 中介效应检验程序及其应用［J］. 心理学报，2004，36（5）：614－620.

［49］翁清雄，席酉民. 职业成长与离职倾向：职业承诺与感知机会的调节作用［J］. 南开管理评论，2010（2）：119－131.

［50］邢占军，黄立清. Ryff 心理幸福感量表在我国城市居民中的试用研究［J］. 中国健康心理学杂志，2004，12（3）：231－233.

［51］熊佳. 企业员工组织心理所有权结构及其相关研究［D］. 广州：暨南大学，2007.

［52］许龙，高素英，刘宏波，等. 中国情境下员工幸福感的多层面模型［J］. 心理科学进展，2017，25（12）：2179－2191.

［53］许淑莲，吴志平，吴振云，等. 成年人心理幸福感的年龄差异研究［J］. 中国心理卫生杂志，2003，17（3）：5.

［54］亚里士多德. 尼各马科伦理学［M］. 苗力田，译. 北京：中国社会科学出版社，1990.

［55］杨凤岐，袁庆宏，杨斌，王健友. 心理所有权在中国情境下的验证与理论拓展［C］. 第四届（2009）中国管理学年会——组织行为与人力资源管理分会场论文集，2009.

［56］姚凯，崔晓明. 心理所有权的非均衡发展及其影响效应研究［J］. 经济理论与经济管理，2010（8）：25－31.

［57］张春虎. 基于自我决定理论的工作动机研究脉络及未来走向［J］. 心理科学进展，2019，27（8）：1489－1506.

［58］张伶，聂婷，黄华. 基于工作压力和组织认同中介调节效应检验的家庭亲善政策与创新行为关系研究［J］. 管理学报，2014，11（5）：683－690.

［59］张陆，佐斌．自我实现的幸福——心理幸福感研究述评［J］．心理科学进展，2007，15（1）：134－139.

［60］张四龙，李明生．组织道德气氛对组织公民行为的影响：组织认同的中介作用［J］．管理评论，2013，25（11）：85－94.

［61］张四龙．组织道德气氛对组织公民行为影响的实证研究［D］．长沙：中南大学，2013.

［62］张兴贵，罗中正，严标宾．个人—环境（组织）匹配视角的员工幸福感［J］．心理科学进展，2012，20（6）：935－943.

［63］张征．下属—主管匹配与员工的工作幸福感：领导—成员交换和政治技能的作用［J］．心理科学，2016，39（5）：1204－1209.

［64］张智华．新生代农民工心理契约与社会认同关系研究［D］．成都：西南交通大学，2016.

［65］赵立．中小企业组织道德氛围及其对组织绩效的影响——基于浙江等省市的调查与分析［J］．浙江社会科学，2011（7）：135－144.

［66］郑晓明，王倩倩．伦理型领导对员工助人行为的影响：员工幸福感与核心自我评价的作用［J］．科学学与科学技术管理，2016，37（2）：149－160.

［67］周浩，龙立荣．共同方法偏差的统计检验与控制方法［J］．心理科学进展，2004，12（6）：942－942.

［68］朱沆，刘舒颖．心理所有权前沿研究述评［J］．管理学报，2011，8（5）：784－790.

［69］朱颖俊，黄瑶佳．组织伦理气氛与成员信息伦理行为关系的实证研究［J］．情报杂志，2011，30（3）：202－206.

［70］Albert S, Ashforth B E, Dutton J E. Organizational identity and identification: Charting new waters and building new bridges［J］. Academy of Management Review, 2000, 25（1）: 13－17.

［71］Ambrose M L, Arnaud A, Schminke M. Individual moral development and ethical climate: The influence of person-organization fit on job attitudes [J]. Journal of Business Ethics, 2008, 77 (3): 323 – 333.

[72] Ardichvili A. The role of HRD in CSR, sustainability, and ethics: A relational model [J]. Human Resource Development Review, 2013, 12 (4): 456 – 473.

[73] Ardrey R. 1966: The territorial imperative [M]. New York, Atheneum, 1966.

[74] Arnaud A. Conceptualizing and measuring ethical work climate: Development and validation of the ethical climate index [J]. Business & Society, 2010, 49 (2): 345 – 358.

[75] Arnaud A, Schminke M. The Ethical Climate and Context of Organizations: A Comprehensive Model [J]. Organization Science, 2012, 23 (6).

[76] Arvey R D, Jones A P. The use of discipline in organizational settings: A framework for future research [C]//L. L. Cummings & B. M. Staw (Eds.), Research in organizational behavior. Greenwich, CT: JAI Press, 1985 (7): 367 – 408.

[77] Ashforth B E, Harrison S H, Corley K G. Identification in organizations: An examination of four fundamental questions [J]. Journal of Management, 2008, 34 (3): 325 – 374.

[78] Ashforth B E, Mael F. Social identity theory and the organization [J]. Academy of Management Review, 1989, 14 (1): 20 – 39.

[79] Avanzi L, Schuh S C, Fraccaroli F, van Dick R. Why does organizational identification relate to reduced employee burnout? The mediating influence of social support and collective efficacy [J]. Work & Stress, 2015, 29 (1): 1 – 10.

[80] Avey J B, Avolio B J, Crossley C D, Luthans F. Psychological ownership: Theoretical extensions, measurement and relation to work out-

comes [J]. Journal of Organizational Behavior: The International Journal of Industrial, Occupational and Organizational Psychology and Behavior, 2009, 30 (2): 173 - 191.

[81] Avey J B, Wernsing T S, Palanski M E. Exploring the process of ethical leadership: The mediating role of employee voice and psychological ownership [J]. Journal of Business Ethics, 2012, 107 (1): 21 - 34.

[82] Babin B J, Attaway J S. Atmospheric affect as a tool for creating value and gaining share of customer [J]. Journal of Business Research, 2000, 49 (2): 91 - 99.

[83] Baek P, Kim N. Exploring a theoretical foundation for HRD in society: Toward a model of stakeholder-based HRD [J]. Human Resource Development International, 2014, 17 (5): 499 - 513.

[84] Bandura A. Self-efficacy: toward a unifying theory of behavioral change [J]. Psychological Review, 1977 (84): 191 - 215.

[85] Bandura A. Social foundations of thought and action [M]. NJ: Englewood Cliffs, 1986: 23 - 28.

[86] Barge J K, Schlueter D W. A Critical Evaluation of Organizational Commitment and Identification [J]. Management Communication Quarterly, Vol. 2 (1): 116 - 133.

[87] Barge J K, Schlueter D W. Leadership as organizing: a critique of leadership instruments [J]. Management Communication Quarterly An International Journal, 1991 (4): 541 - 570.

[88] Bartel A P. The migration decision: what role does job mobility play? [J]. American Economic Review, 2001 (69): 775 - 786.

[89] Bartel C A. Social comparisons in boundary-spanning work: effects of community outreach on members' organizational identity and identification [J]. Administrative Science Quarterly, 2001, 46 (3): 379 - 413.

[90] Bartunek J M. Rummaging behind the scenes of organizational change and finding role transitions, illness, and physical space [J]. Research in Organizational Change and Development, 1993 (7): 41 –76.

[91] Bass B M, Bass Bernard M. Leadership and performance beyond expectations [M]. New York: Free Pres, 1985.

[92] Beaglehole E. Property: A study in social psychology [M]. New York: Macmillan, 1932.

[93] Becker W S, Carbo J A, Langella I M. Beyond self-interest: Integrating social responsibility and supply chain management with human resource development [J]. Human Resource Development Review, 2010, 9 (2): 144 –168.

[94] Bedi A, Alpaslan C M, Green S. A meta-analytic review of ethical leadership outcomes and moderators [J]. Journal of Business Ethics, 2016, 139 (3): 517 –536.

[95] Beggan J K. On the social nature of nonsocial perception: The mere ownership effect [J]. Journal of Personality and Social Psychology, 1992, 62 (2): 229 –237.

[96] Belk R W. Possessions and the extended self [J]. Journal of Consumer Research, 1988, 15 (2): 139 –168.

[97] Benkhoff B. Disentangling organizational commitment: the dangers of the ocq for research and policy [J]. Personnel Review, 1997, 26 (1/2).

[98] Bergami M, Bagozzi R P. Self-categorization, affective commitment and group self-esteem as distinct aspects of social identity in the organization [J]. British Journal of Social Psychology, 2000, 39 (4): 555 –577.

[99] Berkman P L. Measurement of mental health in a general population survey [J]. American Journal of Epidemiology, 1971, 94 (2): 105 –111.

[100] Best J, Nelson E E. Nostalgia and discontinuity: a test of the Davis hypothesis [J]. Sociology & Social Research, 1985, 69 (2): 221 - 233.

[101] Bezuijen X M, van den Berg P T, van Dam K, Thierry H. Pygmalion and employee learning: The role of leader behaviors [J]. Journal of Management, 2009, 35 (5): 1248 - 1267.

[102] Blakeley K, Higgs M. Responsible leadership development-crucible experiences and power relationships in a global professional services firm [J]. Human Resource Development International, 2014, 17 (5): 560 - 576.

[103] Bollen K A. Structural equations with latent variables [M]. New York: Wiley, 1989.

[104] Bono J E, Ilies R. Charisma, positive emotions and mood contagion [J]. The Leadership Quarterly, 2006, 17 (4): 317 - 334.

[105] Boxall P, Macky K. High-involvement work processes, work intensification and employee well-being [J]. Work, Employment and Society, 2014, 28 (6): 963 - 984.

[106] Bray J H. Assessing family health and distress: An intergenerational-systemic perspective [J]. Family Assessment, 1995: 67 - 102.

[107] Brickson S. The impact of identity orientation on individual and organizational outcomes in demographically diverse settings [J]. Academy of Management Review, 2000, 25 (1): 82 - 101.

[108] Brower H H, Shrader C B. Moral reasoning and ethical climate: not-for-profit vs. for-profit boards of directors [J]. Journal of Business Ethics, 2000, 26 (2): 147 - 167.

[109] Brown A L, Armbruster B B, Baker L. The role of metacognition in reading and studying [J]. J Orasanu (Ed.), Reading comprehen-

sion: From Research to Practice, 1986: 49 – 75.

[110] Brown G, Lawrence T B, Robinson S L. Territoriality in organizations [J]. Academy of Management Review, 2005, 30 (3): 577 – 594.

[111] Brown M E, Mitchell M S. Ethical and unethical leadership: Exploring new avenues for future research [J]. Business Ethics Quarterly, 2010, 20 (4): 583 – 616.

[112] Brown M E, Trevino L K. Ethical Leadership: A Review and Future Directions [J]. The Leadership Quarterly, 2006, 17 (6): 595 – 616.

[113] Brown M E, Treviño L K, Harrison D A. Ethical leadership: A social learning perspective for construct development and testing [J]. Organizational Behavior and Human Decision Processes, 2005, 97 (2): 117 – 134.

[114] Brown Michael E. Identification and some conditions of organizational involvement [J]. Administrative Science Quarterly, 1969 (14): 346 – 355.

[115] Brown S P, Lam S K. A meta-analysis of relationships linking employee satisfaction to customer responses [J]. Journal of Retailing, 2008 (84): 243 – 255.

[116] Bullis C, Tompkins P K. The forest ranger revisited: A study of control practices and identification [J]. Communication Monographs, 1989, 56 (4): 287 – 306.

[117] Burke P J, Reitzes D C. An identity theory approach to commitment [J/OL]. Social Psychology Quarterly, 1991, 54 (3): 239 – 251. https://doi.org/10.2307/2786653.

[118] Cascio W, Boudreau J. Investing in people: Financial impact of human resource initiatives [M]. Ft Press, 2010.

［119］Cascio W F. Managing human resources: Productivity, quality of work life, profits (9th ed.) ［M］. Burr Ridge, IL: Irwin/McGraw - Hill, 2013.

［120］Chalofsky, Neal. An emerging construct for meaningful work ［J］. Human Resource Development International, 2003, 6 (1): 69 - 83.

［121］Chao G T. Exploration of the conceptualization and measurement of career plateau: A comparative analysis ［J］. Journal of management, 1990, 16 (1): 181 - 193.

［122］Chen C C, Chen M Y C, Liu Y C. Negative affectivity and workplace deviance: the moderating role of ethical climate ［J］. The International Journal of Human Resource Management, 2013, 24 (15): 2894 - 2910.

［123］Chen C Y, Chen C H V, Li C I. The influence of leader's spiritual values of servant leadership on employee motivational autonomy and eudaemonic well-being ［J］. Journal of Religion and Health, 2013, 52 (2): 418 - 438.

［124］Cheney G. The rhetoric of identification and the study of organizational communication ［J］. Quarterly Journal of Speech, 1983, 69 (2): 143 - 158.

［125］Cheney G, Tompkins P K. Coming to terms with organizational identification and commitment ［J］. Communication Studies, 1987, 38 (1): 1 - 15.

［126］Chughtai A, Byrne M, Flood B. Linking ethical leadership to employee well-being: The role of trust in supervisor ［J］. Journal of Business Ethics, 2015, 128 (3): 653 - 663.

［127］Clinard M B, Peter C, Yeager. Corporate Crime ［M］. New York: Free Press, 1980.

［128］Cohen D V. Moral climate in business finns: A conceptual framework for analysis and change［J］. Journal of Business Ethics, 1998, 17 (11): 1211 – 1226.

［129］Corley K G, Gioia D A. Identity ambiguity and change in the wake of a corporate spin-off［J］. Administrative Science Quarterly, 2004, 49 (2): 173 – 208.

［130］Cram F, Paton H. Personal possessions and self-identity: The experiences of elderly women in three residential settings［J］. Australian Journal on Ageing, 1993, 12 (1): 19 – 24.

［131］Cropanzano R, Wright T A. When a "happy" worker is really a "productive" worker: A review and further refinement of the happy-productive worker thesis［J］. Consulting Psychology Journal: Practice and Research, 2001, 53 (3): 182 – 199.

［132］Culbertson S S, Mills M J, Fullagar C J. Work engagement and work-family facilitation: Making homes happier through positive affective spillover［J］. Human Relations, 2012 (65): 1155 – 1177.

［133］Cullen F T, Maakestad W J, Cavender G. Corporate crime under attack: The Ford Pinto case and beyond［M］. Anderson Pub Co, 1987.

［134］Cullen J B, Parboteeah K P, Victor B. The effects of ethical climates on organizational commitment: A two-study analysis［J］. Journal of Business Ethics, 2003, 46 (2): 127 – 141.

［135］Cullen J B, Victor B, Bronson J W. The ethical climate questionnaire: An assessment of its development and validity［J］. Psychological Reports, 1993, 73 (2): 667 – 674.

［136］Dagenais – Desmarais V, Savoie A. What is psychological well-being, really? A grassroots approach from the organizational sciences［J］. Journal of Happiness Studies, 2012, 13 (4): 659 – 684.

［137］Damian F. O' Keefe, Jennifer M. Peach, Deanna L. Messervey. The Combined Effect of Ethical Leadership, Moral Identity, and Organizational Identification on Workplace Behavior ［J］. Journal of Leadership Studies, 2019, 13 (1): 20 – 35.

［138］Dawson L M. Will feminization change the ethics of the sales profession? ［J］. Journal of Personal Selling & Sales Management, 1992, 12 (1): 21 – 32.

［139］Deci E L, Connell J P, Ryan R M. Self-determination in a work organization ［J］. Journal of Applied Psychology, 1989, 74 (4): 580 – 590.

［140］Deci E L, Ryan R M. A motivational approach to self: Integration in personality ［M］. In R. A. Dienstbier (Ed.), Nebraska Symposium on Motivation, 1990: Perspectives on Motivation, 1991: 237 – 288.

［141］Deci E L, Ryan R M. Intrinsic motivation and self-determination in human behavior ［M］. New York: Plenum, 1985.

［142］Deci E L, Ryan R M. The general causality orientations scale: Self-determination in personality ［J］. Journal of Research in Personality, 1985, 19 (2): 109 – 134.

［143］Decker P J. Social Learning Theory and Leadership ［J］. Journal of Management Development, 1986, 5 (3): 46 – 58.

［144］DeConinck J B. The effects of ethical climate on organizational identification, supervisory trust, and turnover among salespeople ［J］. Journal of Business Research, 2011, 64 (6): 617 – 624.

［145］DeConinck J B. The influence of ethical climate on marketing employees' job attitudes and behaviors ［J］. Journal of Business Research, 2010, 63 (4): 384 – 391.

［146］De Hoogh A H, Den Hartog D N. Ethical and despotic leadership, relationships with leader's social responsibility, top management team effectiveness and subordinates' optimism: A multi-method study [J]. The Leadership Quarterly, 2008, 19 (3): 297 –311.

[147] Deshpande S P, George E, Joseph J. Ethical climates and managerial success in Russian organizations [J]. Journal of Business Ethics, 2000, 23 (2): 211 –217.

[148] Dickson M W, Smith D B, Grojean M W, Ehrhart M. An organizational climate regarding ethics: The outcome of leader values and the practices that reflect them [J]. The Leadership Quarterly, 2001, 12 (2): 197 –217.

[149] Diener E D, Emmons R A, Larsen R J, Griffin S. The satisfaction with life scale [J]. Journal of Personality Assessment, 1985, 49 (1): 71 –75.

[150] Diener E, Eunkook S, Richard L. et al. Subjective well-being: three decades of progress [J]. Psychological Bulletin. 1999, 125 (2): 276 – 302.

[151] Diener E, Lucas R E. 11 personality and subjective well-being [J]. Well-being: Foundations of Hedonic Psychology, 1999: 213 –229.

[152] Diener E. Subjective well-being [J]. Psychological Bulletin, 1984, 95 (3): 542 –575.

[153] Dijk R V, Dick R V. Navigating organizational change: change leaders, employee resistance and work-based identities [J]. Journal of Change Management, 2009, 9 (2): 143 –163.

[154] Dittmar H. The social psychology of material possessions: To have is to be [M]. Harvester Wheatsheaf and St. Martin's Press, 1992.

[155] Duh M, Belak J, Milfelner B. Core values, culture and ethical climate as constitutional elements of ethical behaviour: Exploring differences

between family and non-family enterprises [J]. Journal of Business Ethics, 2010, 97 (3): 473 – 489.

[156] Dukerich J. et al. Identification with organizations [M]. In: Whetten, D; Godfrey, P. Identity in organizations. London: Sage, 1998: 209 – 272.

[157] Dukerich J M, Golden B R, Shortell S M. Beauty is in the eye of the beholder: The impact of organizational identification, identity, and image on the cooperative behaviors of physicians [J]. Administrative Science Quarterly, 2002, 47 (3): 507 – 533.

[158] Dukerich J M, Golden B R, Shortell S M. Beauty Is in the Eye of the Beholder: The Impact of Organizational Identification, Identity, and Image on the Cooperative Behaviors of Physicians [J]. Administrative Science Quarterly, 2002, 47 (3): 507 – 533. DOI: 10.2307/3094849.

[159] Duncan N G. Home ownership and social theory [C]//S. Duncan (Ed.), Housing and identity: Crosscultural perspectives. New York: Holmes & Meier, 1981: 98 – 134.

[160] Dusya V, Crossan M. Strategic Leadership And Organizational Learning [J]. The Academy of Management Review, 2004, 29 (2): 222 – 240.

[161] Dutton J E, Dukerich J M, Harquail C V. Organizational images and member identification [J]. Administrative Science Quarterly, 1994: 239 – 263.

[162] Edwards M R. Organizational identification: A conceptual and operational review [J]. International Journal of Management Reviews, 2005, 7 (4): 207 – 230.

[163] Einarsen S, Aasland M S, Skogstad A. Destructive leadership behaviour: A definition and conceptual model [J]. The Leadership Quarterly,

2007, 18 (3): 207 -216.

[164] Elçi M, Alpkan L. The impact of perceived organizational ethical climate on work satisfaction [J]. Journal of Business Ethics, 2009, 84 (3): 297 -311.

[165] Elovainio M, Kivimäki M. The effects of personal need for structure and occupational identity in the role stress process [J]. The Journal of Social Psychology, 2001, 141 (3): 365 -378.

[166] Elsbach K D. Managing organizational legitimacy in the California cattle industry: The construction and effectiveness of verbal accounts [J]. Administrative Science Quarterly, 1994: 57 -88.

[167] Enderle G. Some perspectives of managerial ethical leadership [J]. Journal of Business Ethics, 1987, 6 (8): 657 -663.

[168] Epitropaki O. Transformational leadership, psychological contract breach and organizational identification [J]. Academy of Management Proceedings, 2003 (1): M1 -M6.

[169] Etzioni A. The socio-economics of property [J]. Journal of Social Behavior and Personality, 1991, 6 (6): 465 -468.

[170] Fiol C M. Managing culture as a competitive resource: An identity-based view of sustainable competitive advantage [J]. Journal of Management, 1991, 17 (1): 191 -211.

[171] Fiol C M, O'Connor E J. When hot and cold collide in radical change processes: Lessons from community development [J]. Organization Science, 2002, 13 (5): 532 -546.

[172] Flannery B L, May D R. Environmental ethical decision making in the US metal-finishing industry [J]. Academy of Management Journal, 2000, 43 (4): 642 -662.

[173] Floyd K S, Yerby J, Santiago J. Information Systems Faculty

Perceptions of Ethical Work Climate and Job Satisfaction [J]. Information Systems, 2011 (1): 1 – 2011.

[174] Foote N N. Identification as the basis for a theory of motivation [J/OL]. American Sociological Review, 1951 (16): 14 – 21. https://doi.org/10. 2307/2087964.

[175] Fornell C, Larcker D F. Evaluating structural equation models with unobservable variables and measurement error [J]. Journal of Marketing Research, 1981, 18 (1): 39 – 50.

[176] Forte A. Business ethics: A study of the moral reasoning of selected business managers and the influence of organizational ethical climate [J]. Journal of Business Ethics, 2004, 51 (2): 167 – 173.

[177] Fritzsche D J. Ethical climates and the ethical dimension of decision making [J]. Journal of Business Ethics, 2000, 24 (2): 125 – 140. doi.org/10. 1023/A: 1006262914562.

[178] Furby L. Possession in humans: An exploratory study of its meaning and motivation [J]. Social Behavior and Personality: An International Journal, 1978, 6 (1): 49 – 65.

[179] Furby L. Possessions: Toward a theory of their meaning and function throughout the life cycle [M]. In P. B. Baltes (Ed.), Life Span Development and Behavior, 1978, vol. 1: 297 – 336. New York: Academic Press.

[180] Fu W, Deshpande S P. The impact of caring climate, job satisfaction, and organizational commitment on job performance of employees in a China's insurance company [J]. Journal of Business Ethics, 2014, 124 (2): 339 – 349.

[181] Gagné M, Deci E L. Self-determination theory and work motivation [J]. Journal of Organizational Behavior, 2005, 26 (4): 331 – 362.

[182] Garavan T N, McGuire D. Human resource development and society: Human resource development's role in embedding corporate social responsibility, sustainability, and ethics in organizations [J]. Advances in Developing Human Resources, 2010, 12 (5): 487 –507.

[183] Gerstner C R, Day D V. Meta – Analytic review of leader-member exchange theory: Correlates and construct issues [J]. Journal of Applied Psychology, 1997, 82 (6): 827 –844.

[184] Gini A. Ethical leadership and business ethics [M]. In J. B. Ciulla (Ed.), Ethics, the heart of leadership. Westport, CT: Quorum Books, 1998: 27 –45.

[185] Gioia D A, Thomas J B. Identity, image, and issue interpretation: Sense making during strategic change in academia [J]. Administrative Science Quarterly, 1996, 41 (3): 370 –403.

[186] Golden – Biddle K, Rao H. Breaches in the boardroom: Organizational identity and conflicts of commitment in a nonprofit organization [J]. Organization Science, 1997, 8 (6): 593 –609.

[187] Goldman A, Tabak N. Perception of ethical climate and its relationship to nurses' demographic characteristics and job satisfaction [J]. Nursing Ethics, 2010, 17 (2): 233 –246.

[188] Goulet L R, Singh P. Career commitment: A reexamination and an extension [J]. Journal of Vocational Behavior, 2002, 61: 73 –91.

[189] Greubel J, Kecklund G. The impact of organizational changes on work stress, sleep, recovery and health [J]. Industrial Health, 2011, 49 (3): 353 –364.

[190] Griffin R W, Bateman T S. Job satisfaction and organizational commitment [J]. In C. L. Cooper and I. Robertson (Eds.), International Review of Industrial and Organizational Psychology, 1986: 157 –188.

［191］Grojean M W，Resick C J，Dickson M W，Smith D B. Leaders，values，and organizational climate：Examining leadership strategies for establishing an organizational climate regarding ethics ［J］. Journal of Business Ethics，2004，55（3）：223 - 241.

［192］Guest D E. Perspectives on the study of work-life balance ［J］. Social Science Information，2002，41（2）：255 - 279.

［193］Hackman J R，Oldham G R. Development of the job diagnostic survey ［J］. Journal of Applied Psychology，1975，60（2）：159 - 167.

［194］Halbesleben J R B，Wheeler A B. I Owe You One：Coworker Reciprocity as a Moderator of the Day - Level Exhaustion Performance Relationship ［J］. Journal of Organizational Behavior，2011，32（4）：608 - 626.

［195］Hall E T. The hidden dimension（Vol. 609）［M］. Garden City，NY：Doubleday，1966.

［196］He H，Brown A D. Organizational identity and organizational identification：A review of the literature and suggestions for future research ［J］. Group & Organization Management，2013，38（1）：3 - 35.

［197］Heidegger M. Being and time，J. Macquarrie & E. Robinson（Trans. ）［M］. Oxford：Basil Blackwell（original work published 1927），1967.

［198］Heifetz R A，Heifetz R. Leadership without easy answers（Vol. 465）［M］. Harvard University Press，1994.

［199］Hofstede G，Neuijen B，Ohayv D D，Sanders G. Measuring organizational cultures：A qualitative and quantitative study across twenty cases ［J］. Administrative Science Quarterly，1990：286 - 316.

［200］Hsieh E，Kramer E M. The clashes of expert and layman talk：constructing meanings of interpreter-mediated medical encounters ［J］. Hampton，2012：20 - 45.

[201] Humphreys M, Brown A D. Narratives of organizational identity and identification: A case study of hegemony and resistance [J]. Organization Studies, 2002, 23 (3): 421 –447.

[202] Hunt D M, Michael C. Mentorship: A career training and development tool [J]. Academy of Management Review, 1983, 8 (3): 475 – 485.

[203] Isaacs S. Social Growth in Young Children [M]. London: Routledge and Kegan Paul, 1933.

[204] Iyer M S, Gigstad K M, Namdev N D, Lipton M. Asymmetric catalysis of the strecker amino acid synthesis by a cyclic dipeptide [J]. Journal of the American Chemical Society, 1996.

[205] James Avey, Tara Wernsing, Michael Palanski. Exploring the Process of Ethical Leadership: The Mediating Role of Employee Voice and Psychological Ownership [J]. J Bus Ethics, 2012 (107): 21 –34.

[206] James W. Principles of psychology [M]. New York: Macmillan, 1890/1950/1963: 291.

[207] Johnson M D, Morgeson F P. Cognitive and Affective Identification in Organizational Settings [J]. In Academy of Management Proceedings (Vol. 2005, No. 1, pp. S1 – S6).

[208] Johnson W L, Johnson A M, Heimberg F. A primary-and second-order component analysis of the organizational identification questionnaire [J]. Educational and Psychological Measurement, 1999, 59 (1): 159 – 170.

[209] Jon L Pierce, Michael P O'Driscoll, Anne – Marie Coghlan. Work Environment Structure and Psychological Ownership: The Mediating Effects of Control [J]. The Journal of Social Psychology, 2004, 144 (5): 507 –534.

[210] Jöreskog K G, Sörbom Dag. Analysis of linear structural relationships by maximum likelihood, instrumental variables, and least sqsuares methods [J]. Ciência & Saúde Coletiva, 1993, 19 (10): 3981 – 90.

[211] Kahneman D. Objective happiness [C]//In Kahneman D, Diener E, Schwarz N (Eds.), Well-being: The foundations of hedonic psychology, Russell Sage Foundation, 1999: 3 – 25.

[212] Kanfer R. Motivation theory and industrial and organizational psychology [J]. Handbook of Industrial and Organizational Psychology, 1990, 1 (2): 75 – 130.

[213] Kanungo R N, Mendonca M. Ethical leadership in three dimensions [J]. Journal of Human Values, 1998, 4 (2): 133 – 148.

[214] Kasser T, Ryan R M. Be careful what you wish for: Optimal functioning and the relative attainment of intrinsic and extrinsic goals [C]// In Schmuck P, Sheldon K M (Eds.), Life goals and well-being: Towards a positive psychology of human striving, Hogrefe & Huber Publish, 2001: 116 – 131.

[215] Kelloway E K, Francis L. Longitudinal research and longitudinal data analysis [M]. In R. R. Sinclair, M. Wang, & L. E. Tetrick (Eds.), Research methods in occupational health psychology. New York, NY: Routledge, 2013: 374 – 394.

[216] Kelman H C. Studies on attitudes and communication ‖ compliance, identification, and internalization: three processes of attitude change [J]. Journal of Conflict Resolution, 1958, 2 (1): 51 – 60.

[217] Keyes C L, Shmotkin D, Ryff C D. Optimizing well-being: the empirical encounter of two traditions [J]. Journal of Personality and Social Psychology, 2002, 82 (6): 1007 – 1022.

[218] Khuntia R, Suar D. A scale to assess ethical leadership of Indian

private and public sector managers [J]. Journal of Business Ethics, 2004, 49 (1): 13 –26.

[219] Kline L, France C J. The psychology of mine [J]. Pedagogical Seminary & Genetic Psychology, 1899, 6 (4): 421 –470.

[220] Kling K C, Seltzer M M, Ryff C D. Distinctive late-life challenges: Implications for coping and well-being [J]. Psychology and Aging, 1997, 12 (2): 288 –295.

[221] Koh H C, El'Fred H Y. The link between organizational ethics and job satisfaction: A study of managers in Singapore [J]. Journal of Business Ethics, 2001, 29 (4): 309 –324.

[222] Konczak Lee J, Stelly, Damian J, Trusty, Michael L. Defining and measuring empowering leader behaviors: development of an upward feedback instrument [J]. Educational & Psychological Measurement, 2000, 60 (2): 301 –301.

[223] Kreiner G E, Ashforth B E. Evidence toward an expanded model of organizational identification [J]. Journal of Organizational Behavior: The International Journal of Industrial, Occupational and Organizational Psychology and Behavior, 2004, 25 (1): 1 –27.

[224] Kreiner G E, Hollensbe E C, Sheep M L. Where is the "me" among the "we"? Identity work and the search for optimal balance [J]. Academy of Management Journal, 2006, 49 (5): 1031 –1057.

[225] Kwan C M L, Love G D, Ryff C D. et al. The role of self-enhancing evaluations in a successful life transition [J]. Psychology and Aging, 2003, 18 (1): 3 –12.

[226] Laratta R. Ethical climate and accountability in nonprofit organizations: A comparative study between Japan and the UK [J]. Public Management Review, 2011, 13 (1): 43 –63.

[227] Lee D S, Ybarra O, Gonzalez R, Ellsworth P. I – through-we: How supportive social relationships facilitate personal growth [J]. Personality and Social Psychology Bulletin, 2018, 44 (1): 37 –48.

[228] Lee S M. An empirical analysis of organizational identification [J]. Academy of Management Journal, 1971, 14 (2): 213 –226.

[229] Lemmergaard J, Lauridsen J. The ethical climate of Danish firms: A discussion and enhancement of the ethical-climate model [J]. Journal of Business Ethics, 2008, 80 (4): 653 –675.

[230] Leung A S. Matching ethical work climate to in-role and extra-role behaviors in a collectivist work setting [J]. Journal of Business Ethics, 2008, 79 (1 –2): 43 –55.

[231] Lind E A. The social psychology of procedural justice [C]//Invited paper at the University of North Carolina Social Psychology Conference honoring John Thibaut. University of North Carolina Social Psychology Conference honoring John Thibaut, 1982.

[232] Lind E A, Tyler T R. The social psychology of procedural justice [M]. Plenum Press, 1988.

[233] Linn Van Dyne, Jon L Pierce. Psychological ownership and feelings of possession: three field studies predicting employee attitudes and organizational citizenship behavior [J]. Journal of Organizational Behavior, 2004 (25): 439 –459.

[234] Lopez T B, Babin B J, Chung C. Perceptions of ethical work climate and person-organization fit among retail employees in Japan and the US: A cross-cultural scale validation [J]. Journal of Business Research, 2009, 62 (6): 594 –600.

[235] Luria G, Yagil D. Procedural justice, ethical climate and service outcomes in restaurants [J]. International Journal of Hospitality Manage-

ment, 2008, 27 (2): 276 – 283.

[236] Luthans F, Youssef C M. Human, social, and now positive psychological capital management: Investing in people for competitive advantage [J]. Management Department Faculty Publications. 2004, 154.

[237] Luthar H K, DiBattista R A, Gautschi T. Perception of what the ethical climate is and what it should be: The role of gender, academic status, and ethical education [J]. Journal of Business Ethics, 1997, 16 (2): 205 – 217.

[238] Mael F, Ashforth B E. Alumni and their alma mater: A partial test of the reformulated model of organizational identification [J]. Journal of Organizational Behavior, 1992, 13 (2): 103 – 123.

[239] Malloy D C, Agarwal J. Ethical climate in government and nonprofit sectors: Public policy implications for service delivery [J]. Journal of Business Ethics, 2010, 94 (1): 3 – 21.

[240] Mansfield P. Anomie and disaster in corporate culture: The impact of mergers and acquisitions on the ethical climate of marketing organizations [J]. Marketing Management Journal, 2004, 14 (2): 88 – 99.

[241] Manstead A S R, Hewstone M. The blackwell encyclopedia of social psychology [M]. Blackwell, Oxford, 1995, pp. xvi + 694.

[242] March J G, Simon H A. Organizations [M]. New York: John Wiley & Sons, 1958.

[243] Markus H R, Kitayama S. Culture and the self: Implications for cognition, emotion, and motivation [J]. Psychological review, 1991, 98 (2): 224 – 253.

[244] Martin G S, Resick C J, Keating M A, Dickson M W. Ethical leadership across cultures: A comparative analysis of German and US perspectives [J]. Business Ethics: A European Review, 2009, 18 (2): 127 –

144.

［245］Martin K D，Cullen J B. Continuities and extensions of ethical climate theory：A meta-analytic review ［J］. Journal of Business Ethics，2006，69（2）：175 – 194.

［246］Mathieu J，Zajac D，A review and meta-analysis of the antecedents，correlates，and consequences of organisational commitment ［J］. Psychological Bulletin，Volume 108，1990：171 – 194.

［247］Mayer D M，Kuenzi M，Greenbaum R，Bardes M，Salvador R B. How low does ethical leadership flow? Test of a trickle-down model ［J］. Organizational behavior and human decision processes，2009，108（1）：1 – 13.

［248］Mcguire D，Mclaren L. The Impact of Physical Environment on Employee Commitment in Call Centers：The Mediating Role of Employee Well – Being ［J］. Team Performance Management：An International Journal，2009，15（1/2）：35 – 48.

［249］McHugh M. The stress factor：another item for the change management agenda? ［J］. Journal of Organizational Change Management，1997，10：345 – 362.

［250］Meda A K. The social construction of ethical leadership ［D］. Doctoral Dissertation，Benedictine University，2005.

［251］Medsker G J，Williams L J，Holahan P J. A Review of Current Practices for Evaluating Causal Models in Organizational Behavior and Human Resources Management Research ［J］. Journal of Management，1994，20（2）：439 – 464.

［252］Meyer John P，Allen，Natalie，J，et al. Commitment to organizations and occupations：extension and test of a three-component conceptualization ［J］. Journal of Applied Psychology，1993.

［253］Michael P，O'driscoll，Jon L Pierce，Ann – Marie Coghlan.

The Psychology of Ownership: Work Environment Structure, Organizational Commitment, and Citizenship Behaviors [J]. Group Organization Management, 2006 (31): 388 – 416.

[254] Mignonac K, Herrbach O, Guerrero S. The interactive effects of perceived external prestige and need for organizational identification on turnover intentions [J]. Journal of Vocational Behavior, 2006, 69 (3): 477 – 493.

[255] Morgan J M, Reynolds C M, Nelson T J, et al. Tales From the Fields: Sources of Employee Identification in Agribusiness [J]. Management Communication Quarterly, 2004, 17 (3): 360 – 395.

[256] Morris S A. Internal effects of stakeholder management devices [J]. Journal of Business Ethics, 1997, 16 (4): 413 – 424.

[257] Neubaum D, Mitchell M, Schminke M. Firm newness, entrepreneurial orientation, and ethical climate [J]. Journal of Business Ethics, 2004, 52 (4): 335 – 347.

[258] Neubert M J, Carlson D S, Kacmar K M, Roberts J A, Chonko L B. The virtuous influence of ethical leadership behavior: Evidence from the field [J]. Journal of Business Ethics, 2009, 90 (2): 157 – 170.

[259] Nunnally J C. An overview of psychological measurement [M]. In: Wolman BB, editor. Clinical Diagnosis of Mental Disorders. New York: Springer, 1978: 97 – 146.

[260] Nuttin Jr, J M. Affective consequences of mere ownership: The name letter effect in twelve European languages [J]. European Journal of Social Psychology, 1987, 17 (4): 381 – 402.

[261] O'Driscoll M P, Pierce J L, Coghlan A M. The psychology of ownership: Work environment structure, organizational commitment, and citizenship behaviors [J]. Group & Organization Management, 2006, 31

(3): 388 – 416.

[262] Ogbonna E, Harris L C. Leadership style, organizational culture and performance: empirical evidence from UK companies [J]. International Journal of Human Resource Management, 2000, 11 (4): 766 – 788.

[263] Opler M, Bradburn N, Caplovitz D. Reports on happiness: a pilot study of behavior related to mental health [M]. Chicago: Aldine, 1965.

[264] O'Reilly C A, Chatman J. Organizational commitment and psychological attachment: The effects of compliance, identification, and internalization on prosocial behavior [J]. Journal of Applied Psychology, 1986, 71 (3): 492 – 499.

[265] Page K M, Vella – Brodrick D A. The "what", "why" and "how" of employee well-being: A new model [J]. Social Indicators Research, 2009, 90 (3): 441 – 458.

[266] Parboteeah K P, Chen H C, Lin Y T, Chen I H, Lee A Y, Chung A. Establishing organizational ethical climates: how do managerial practices work? [J]. Journal of Business Ethics, 2010, 97 (4): 599 – 611.

[267] Parboteeah K P, Cullen J B, Victor B, Sakano T. National culture and ethical climates: A comparison of US and Japanese accounting firms [J]. Management International Review, 2005: 459 – 481.

[268] Parker S K, Wall T D, Jackson P R. "That's not my job": Developing flexible employee work orientations [J]. Academy of management Journal, 1997, 40 (4): 899 – 929.

[269] Park H, Rehg M T, Lee D. The influence of confucian ethics and collectivism on whistleblowing intentions: a study of south korean public employees [J]. Journal of Business Ethics, 2005 (4): 58.

［270］ Patchen M. Participation, achievement, and involvement on the job ［M］. Englewood Cliffs, NJ: Prentice – Hall, 1970.

［271］ Patterson M, Warr P, West M. Organizational climate and company productivity: The role of employee affect and employee level ［J］. Journal of Occupational and Organizational Psychology, 2004 (77): 193 – 216.

［272］ Paulhus D L. Self-deception and impression management in test responses ［M］. Springer Berlin Heidelberg, 1986.

［273］ Peterson R A. A meta-analysis of Cronbach's Coefficient Alpha ［J］. Journal of Consumer Research, 1994, 21: 381 – 391.

［274］ Piccolo R F, Greenbaum R, Den Hartog D N, et al. The relationship between ethical leadership and core job characteristics ［J］. Journal of Organizational Behavior, 2010 (31): 259 – 278.

［275］ Pierce J, Dyne L V, Cummings L. Psychological ownership: a conceptual and operational exploration ［J］. Southern Management Association Proceeding, 1992.

［276］ Pierce J L, Kostova T, Dirks K T. The state of psychological ownership: Integrating and extending a century of research ［J］. Review of general psychology, 2003, 7 (1): 84 – 107.

［277］ Pierce J L, Kostova T, Dirks K T. Toward a theory of psychological ownership in organizations ［J］. Academy of Management Review, 2001, 26 (2): 298 – 310.

［278］ Pierce J L, O'driscoll M P, Coghlan A M. Work environment structure and psychological ownership: The mediating effects of control ［J］. The Journal of Social Psychology, 2004, 144 (5): 507 – 534.

［279］ Pierce J L, Rodgers L. The psychology of ownership and worker-owner productivity ［J］. Group & Organization Management, 2004, 29 (5): 588 – 613.

[280] Pierce J L, Rubenfeld S A, Morgan S. Employee ownership: A conceptual model of process and effects [J]. Academy of Management Review, 1991, 16 (1): 121 – 144.

[281] Podsakoff P M, MacKenzie S B, Lee J Y, Podsakoff N P. Common method biases in behavioral research: a critical review of the literature and recommended remedies [J]. Journal of Applied Psychology, 2003, 88 (5): 879 – 903.

[282] Polzer J. Studies in late dugento and early trecento painting who is duccio?: part I [J]. Zograf, 2004 – 2005 (30): 89 – 110.

[283] Porteous J D. Home: the territorial core [J]. Geographical Review, 1976, 66, 383 – 390.

[284] Pratt M G, Foreman P O. Classifying managerial responses to multiple organizational identities [J]. Academy of Management Review, 2000, 25 (1): 18 – 42.

[285] Pratt M G, Rockmann K W, Kaufmann J B. Constructing professional identity: The role of work and identity learning cycles in the customization of identity among medical residents [J]. Academy of Management Journal, 2006, 49 (2): 235 – 262.

[286] Pratt M G. To be or not to be: Central questions in organizational identification [M]. In D. A. Whetten, & P. C. Godfrey (Eds.), Identity in Organizations, 1998: 171 – 208.

[287] Preacher K J, Hayes A F. Asymptotic and resampling strategies for assessing and comparing indirect effects in multiple mediator models [J]. Behavior Research Methods, 2008, 40 (3): 879 – 891. doi: 10.3758/brm.40.3.879.

[288] Prelinger E. Extension and structure of the self [J]. The Journal of Psychology, 1959, 47 (1): 13 – 23.

[289] Qi Yang, Ming – Xia Liu. Ethical leadership, organizational identification and employee voice: Examining moderation mediation process in the Chinese insurance industry [J]. Asia Pacific Business Review, 2014, 20 (2): 231 –248.

[290] Ravasi D, Schultz M. Responding to organizational identity threats: Exploring the role of organizational culture [J]. Academy of Management Journal, 2006, 49 (3): 433 –458.

[291] Reade C. Antecedents of organizational identification in multinational corporations: Fostering psychological attachment to the local subsidiary and the global organization [J]. The International Journal of Human Resource Management, 2001, 12 (8): 1269 –1291.

[292] Resick C J, Hanges P J, Dickson M W, Mitchelson J K. A cross-cultural examination of the endorsement of ethical leadership [J]. Journal of Business Ethics, 2006, 63 (4): 345 –359.

[293] Rest J R. Moral development: advances in research and theory [D]. Advances in Solar Energy Technology, 1986.

[294] Riketta M. Organizational identification: A meta-analysis [J]. Journal of Vocational Behavior, 2005, 66 (2): 358 –384.

[295] Robinson S L, Bennett R J. A typology of deviant workplace behaviors: A multidimensional scaling study [J]. Academy of Management Journal, 1995, 38 (2): 555 –572.

[296] Rolf Van Dick, Michael W. Grojean, Oliver Christ, Jan Wieseke. Identity and the Extra Mile: Relationships between Organizational Identification and Organizational Citizenship Behaviour [J]. British Journal of Management, 2006, 17 (4): 283 –301.

[297] Rothwell G R, Baldwin J N. Ethical climate theory, whistle-blowing, and the code of silence in police agencies in the state of Georgia [J].

Journal of Business Ethics, 2007, 70 (4): 341 – 361.

[298] Rousseau D M, Ho V T, Greenberg J. I – deals: Idiosyncratic terms in employment relationships [J]. Academy of Management Review, 2006, 31 (4): 977 – 994.

[299] Rousseau D M, Shperling Z. Pieces of the action: Ownership and the changing employment relationship [J]. Academy of Management Review, 2003, 28 (4): 553 – 570.

[300] Rousseau D M. Why workers still identify with organizations [J]. Journal of Organizational Behavior, 1998: 217 – 233.

[301] Rowold J, Heinitz K. Transformational and charismatic leadership: Assessing the convergent, divergent and criterion validity of the MLQ and the CKS [J]. The Leadership Quarterly, 2007, 18 (2): 121 – 133.

[302] Rudmin F W, Berry J W. Semantics of ownership: A free-recall study of property [J]. The Psychological Record, 1987, 37 (2): 257 – 268.

[303] Ryan R M, Connell J P. Perceived locus of causality and internalization: examining reasons for acting in two domains [J]. Journal of Personality and Social Psychology, 1989, 57 (5): 749 – 761.

[304] Ryan R M, Deci E L. Intrinsic and extrinsic motivations: Classic definitions and new directions [J]. Contemporary Educational Psychology, 2000, 25 (1): 54 – 67.

[305] Ryan R M, Deci E L. On happiness and human potentials: A review of research on hedonic and eudaimonic well-being [J]. Annual Review of Psychology, 2001, 52 (1): 141 – 166.

[306] Ryan R M, Deci E L. Self-determination theory and the facilitation of intrinsic motivation, social development, and well-being [J]. American Psychologist, 2000, 55 (1): 68 – 78.

[307] Ryan R M, Deci E L. Self-determination theory: Basic psychological needs in motivation, development, and wellness [M]. Guilford Publications, 2017.

[308] Ryff C D. Happiness is everything, or is it? Explorations on the meaning of psychological well-being [J]. Journal of personality and social psychology, 1989, 57 (6): 1069 – 1081.

[309] Ryff C D, Keyes C L M. The structure of psychological well-being revisited [J]. Journal of personality and social psychology, 1995, 69 (4): 719 – 727.

[310] Ryff C D, Singer B. The contours of positive human health [J]. Psychological Inquiry, 1998, 9 (1): 1 – 28.

[311] Sagnak M. The relationship between transformational school leadership and ethical climate [J]. Educational Sciences: Theory and Practice, 2010, 10 (2): 1135 – 1152.

[312] Saini A, Martin K D. Strategic risk-taking propensity: the role of ethical climate and marketing output control [J]. Journal of Business Ethics, 2009, 90 (4): 593 – 606.

[313] Sartre J P. Being and nothingness: A phenomenological essay on ontology [M]. New York: Philosophical Library/London: Methuen, 1943/1969.

[314] Sass J S, Canary D J. Organizational commitment and identification: An examination of conceptual and operational convergence [J]. Western Journal of Speech Communication, 1991, 55 (3): 275 – 293.

[315] Schein E H. Organizational psychology [M]. Englewood Cliffs, NJ: Prentice – Hall, 1965.

[316] Schminke M, Ambrose M L, Neubaum D O. The effect of leader moral development on ethical climate and employee attitudes-sciencedirect

[J]. Organizational Behavior and Human Decision Processes, 2005, 97 (2): 135 – 151.

[317] Schminke M, Arnaud A, Taylor R. Ethics, values, and organizational justice: individuals, organizations, and beyond [J]. Journal of Business Ethics, 2015, 130 (3): 727 – 736.

[318] Schmutte P S, Ryff C D. Personality and well-being: What is the connection [J]. Journal of Personality and Social Psychology, 1997, 73: 549 – 559.

[319] Schneider B, Hanges P J, Smith D B, Salvaggio A N. Which comes first: Employee attitudes or organizational financial and market performance? [J] Journal of Applied Psychology, 2003, 88: 836 – 851.

[320] Schrodt P. The relationship between organizational identification and organizational culture: Employee perceptions of culture and identification in a retail sales organization [J]. Communication Studies, 2002, 53 (2): 189 – 202.

[321] Schwepker C H, Ferrell O C, Ingram T N. The influence of ethical climate and ethical conflict on role stress in the sales force [J]. Journal of the Academy of Marketing Science, 1997, 25 (2): 99 – 108.

[322] Schwepker Jr, C H, Hartline M D. Managing the ethical climate of customer-contact service employees [J]. Journal of Service Research, 2005, 7 (4): 377 – 397.

[323] Scott S G, Lane V R. A stakeholder approach to organizational identity [J]. Academy of Management Review, 2000, 25 (1): 43 – 62.

[324] Seijts G H, Latham G P, Tasa K, Latham B W. Goal setting and goal orientation: An integration of two different yet related literatures [J]. Academy of Management Journal, 2004, 47 (2): 227 – 239.

[325] Seligman M E, Csikszentmihalyi M. Positive psychology: An in-

troduction [J]. American Psychologist, 2000, 55 (1): 5 – 14.

[326] Seligman M E P. Helplessness [M]. San Francisco: Freeman, 1975.

[327] Shorey H S, Little T D, Snyder C R, Kluck B, Robitschek C. Hope and personal growth initiative: A comparison of positive, future-oriented constructs [J]. Personality and Individual Differences, 2007, 43 (7): 1917 – 1926.

[328] Sims R R, Brinkman J. Leaders as moral role models: The case of John Gutfreund at Salomon Brothers [J]. Journal of Business Ethics, 2002, 35 (4): 327 – 339.

[329] Sluss D M, Ashforth B E. Relational identity and identification: Defining ourselves through work relationships [J]. Academy of Management Review, 2007, 32 (1): 9 – 32.

[330] Smider N A, Essex M J, Ryff C D. Adaptation to community relocation: The interactive influence of psychological resources and contextual factors [J]. Psychology and Aging, 1996, 11 (2): 362 – 372.

[331] Smidts A, Pruyn A T H, Van Riel C B. The impact of employee communication and perceived external prestige on organizational identification [J]. Academy of Management Journal, 2001, 44 (5): 1051 – 1062.

[332] Stawiski S, Tindale R S, Dykema – Engblade A. The effects of ethical climate on group and individual level deception in negotiation [J]. International Journal of Conflict Management, 2009, 20 (3): 287 – 308.

[333] Steel P. The nature of procrastination: A meta-analytic and theoretical review of quintessential self-regulatory failure [J]. Psychological Bulletin, 2007, 133 (1): 65 – 94.

[334] Steel R G D, Torrie J H, Dickey D A. Principles and Procedures of Statistics, A Biometrical Approach [M]. 3rd Edition, New York:

McGraw Hill, Inc. Book Co., 1997: 352 - 358.

[335] Stephen H Wagner, Christopher P Parker, and Neil D Christiansen. Employees That Think and Act Like Owners: Effects of Ownership Beliefs and Behaviors on Organizational Effectiveness [J]. Personnel Psychology, 2003 (56): 847 - 871.

[336] Stouten J, Baillien E, Van den Broeck A, Camps J, De Witte H, Euwema M. Discouraging bullying: The role of ethical leadership and its effects on the work environment [J]. Journal of Business Ethics, 2010, 95 (1): 17 - 27.

[337] Stryker S, Serpe R T. Commitment, identity salience, and role behavior: A theory and research example [J]. In W. Ickes & E. S. Knowles (Eds.). Personality, Roles and Social Behavior, 1982: 199 - 218.

[338] Tajfel H, Turner J C. An integrative theory of intergroup conflict [M]. In W. G. Austin, & S. Worchel (Eds.), The Social Psychology of Intergroup Relations, 1979: 33 - 37.

[339] Tajfel H, Turner J C, Austin W G, Worchel S. An integrative theory of intergroup conflict [J]. Organizational Identity: A Reader, 1979, 56 (65): 33 - 47.

[340] Tajfel H, Turner J C. The Social Identity Theory of Intergroup Behavior [M]. Nelson Hall, 1986.

[341] Taku K. Posttraumatic growth in American and Japanese men: Comparing levels of growth and perceptions of indicators of growth [J]. Psychology of Men & Masculinity, 2013, 14 (4): 423 - 432.

[342] Toor, Ofori G. Ethical leadership: Examining the relationships with full range leadership model, employee outcomes, and organizational culture [J]. Journal of Business Ethics, 2009, 90 (4): 533 - 547.

[343] Treadgold R J. Engagement in meaningful work: Its relationship

to stress, depression, and clarity of self-concept [C]//Dissertation Abstracts International: Section B: The Sciences and Engineering, 1997, 57 (11 – B): 7219.

[344] Trevino L K. Ethical decision making in organizations: A person-situation interactionist model [J]. Academy of Management Review, 1986, 11 (3): 601 – 617.

[345] Trevino L K, Hartman L P, Brown M. Moral person and moral manager: How executives develop a reputation for ethical leadership [J]. California Management Review, 2000, 42 (4): 128 – 142.

[346] Trevino L K. The social effects of punishment in organizations: A justice perspective [J]. Academy of Management Review, 1992, 17 (4): 647 – 676.

[347] Treviño L K, Brown M, Hartman L P. A qualitative investigation of perceived executive ethical leadership: Perceptions from inside and outside the executive suite [J]. Human Relations, 2003, 56 (1): 5 – 37.

[348] Treviño L K, Weaver G R, Reynolds S J. Behavioral ethics in organizations: A review [J]. Journal of Management, 2006, 32 (6): 951 – 990.

[349] Tsai M T, Huang C C. The relationship among ethical climate types, facets of job satisfaction, and the three components of organizational commitment: A study of nurses in Taiwan [J]. Journal of Business Ethics, 2008, 80 (3): 565 – 581.

[350] Turner J C, Hogg M A, Oakes P J, Reicher S D, Wetherell M S. Rediscovering the social group: A Self – Categorization Theory [J]. Contemporary Sociology, 1987, 94 (6).

[351] Turner J C, Hogg M A, Oakes P J, Reicher S D, Wetherell M S. Rediscovering the social group: A self-categorization theory [M]. New

Jersey: Basil Blackwell, 1987.

[352] Turner J C. Towards a Cognitive Redefinition of the Social Group [M]. In Tajfel H Ed. Social Identity and Intergroup Relations, Cambridge: Cambridge University Press, 1982.

[353] Umphress E E, Bingham J B, Mitchell M S. Unethical behavior in the name of the company: The moderating effect of organizational identification and positive reciprocity beliefs on unethical pro-organizational behavior [J]. Journal of Applied Psychology, 2010, 95 (4): 769 – 780.

[354] Upchurch R S. A conceptual foundation for ethical decision making: A stakeholder perspective in the lodging industry (USA) [J]. Journal of Business Ethics, 1998, 17 (12): 1349 – 1361.

[355] Upchurch R S, Ruhland S K. The organizational bases of ethical work climates in lodging operations as perceived by general managers [J]. Journal of Business Ethics, 1996, 15 (10): 1083 – 1093.

[356] Van Dick R, Wagner U, Stellmacher J, Christ O. The utility of a broader conceptualization of organizational identification: Which aspects really matter? [J]. Journal of Occupational and Organizational Psychology, 2004, 77 (2): 171 – 191.

[357] Van Dyne L, Pierce J L. Psychological ownership and feelings of possession: Three field studies predicting employee attitudes and organizational citizenship behavior [J]. Journal of Organizational Behavior: The International Journal of Industrial, Occupational and Organizational Psychology and Behavior, 2004, 25 (4): 439 – 459.

[358] Van Horn J E, Taris T W, Schaufeli W B, Schreurs P J. The structure of occupational well-being: A study among Dutch teachers [J]. Journal of occupational and Organizational Psychology, 2004, 77 (3): 365 – 375.

[359] Van Vianen A E, Shen C T, Chuang A. Person-organization and person-supervisor fits: Employee commitments in a Chinese context [J]. Journal of Organizational Behavior, 2011, 32 (6): 906 –926.

[360] Vardi Y. The effects of organizational and ethical climates on misconduct at work [J]. Journal of Business Ethics, 2001, 29 (4): 325 – 337.

[361] Victor B, Cullen J. A theory and measure of ethical climate in organizations [J]. Research in Corporate Social Performance and Policy, 1987, 9 (1): 51 –71.

[362] Victor B, Cullen J B. The organizational bases of ethical work climates [J]. Administrative Science Quarterly, 1988: 101 – 125.

[363] Walumbwa F O, Schaubroeck J. Leader personality traits and employee voice behavior: Mediating roles of ethical leadership and work group psychological safety [J]. Journal of Applied Psychology, 2009, 94 (5): 1275 –1286.

[364] Wang Y D, Hsieh H H. Toward a better understanding of the link between ethical climate and job satisfaction: A multilevel analysis [J]. Journal of business ethics, 2012, 105 (4): 535 –545.

[365] Waterman A S. Two conceptions of happiness: Contrasts of personal expressiveness (eudaimonia) and hedonic enjoyment [J]. Journal of Personality and Social Psychology, 1993, 64 (4): 678 –691.

[366] Weber J, Gerde V W. Organizational role and environmental uncertainty as influences on ethical work climate in military units [J]. Journal of Business Ethics, 2011, 100 (4): 595 –612.

[367] Weber J, Kurke L B, Pentico D W. Why do employees steal? Assessing differences in ethical and unethical employee behavior using ethical work climates [J]. Business & Society, 2003, 42 (3): 359 –380.

[368] Weeks W A, Loe T W, Chonko L B, et al. Cognitive moral development and the impact of perceived organizational ethical climate on the search for sales force excellence: a cross-cultural study [J]. Journal of Personal Selling & Sales Management, 2006, 26 (2): 205 – 217.

[369] Weeks W A, Loe T W, Chonko L B, Wakefield K. The effect of perceived ethical climate on the search for sales force excellence [J]. Journal of Personal Selling & Sales Management, 2004, 24 (3): 199 – 214.

[370] Weil S. The need for roots: Prelude to a declaration of duties toward mankind [M]. London: Routledge & Kegan Paul (original work published 1949), 1952.

[371] White M P, Dolan P. Accounting for the richness of daily activities [J]. Psychological Science, 2009, 20: 1000 – 1008.

[372] White R W. Motivation reconsidered: The concept of competence [J]. Psychological Review, 1959, 66 (5): 297.

[373] Whittaker A E, Robitschek C. Multidimensional family functioning: Predicting personal growth initiative [J]. Journal of Counseling Psychology, 2001, 48 (4): 420 – 427.

[374] Wilpert B. Property, ownership, and participation: On the growing contradictions between legal and psychological concepts [J]. International Handbook of Participation in Organizations: For the Study of Organizational Democracy, Co-operation, and Self Management, 1991, 2: 149 – 164.

[375] Wimbush J C, Shepard J M, Markham S E. An empirical examination of the relationship between ethical climate and ethical behavior from multiple levels of analysis [J]. Journal of Business Ethics, 1997, 16 (16): 1705 – 1716.

［376］ Wimbush J C, Shepard J M. Toward an understanding of ethical climate: Its relationship to ethical behavior and supervisory influence ［J］. Journal of Business Ethics, 1994, 13 (8): 637 – 647.

［377］ Wood R, Bandura A. Social cognitive theory of organizational management ［J］. Academy of Management Review, 1989, 14 (3): 361 – 384.

［378］ Wright T A, Bonett D G. Job satisfaction and psychological well-being as nonadditive predictors of workplace turnover ［J］. Journal of Management, 2007, 33: 141 – 160.

［379］ Wrzesniewski A, Dutton J E, Debebe G. Interpersonal sense-making and the meaning of work ［J］. Research in Organizational Behavior, 2003, 25: 93 – 135.

［380］ Wu Y C. Mechanisms linking ethical leadership to ethical sales behavior ［J］. Psychological Reports, 2017, 120 (3): 537 – 560.

［381］ Yin R K. Case study research: Design and methods ［M］. Deverly Hills. Calif. : Sage Publications, 1984.

［382］ Zhu H, Chen C C, Li X C, Zhou Y H. Psychological ownership and the importance of manager-owner relationship in family businesses ［J］. In Academy of Management Meetings, 2009.

［383］ Zhu W. The effect of ethical leadership on follower moral identity: The mediating role of psychological empowerment ［J］. Leadership Review, 2008, 8 (3): 62 – 73.

附件:

《心理幸福感量表》 的调查问卷

WB1	我有很好的人际关系	①	②	③	④	⑤	⑥	⑦
WB2	我对他人的幸福很感兴趣	①	②	③	④	⑤	⑥	⑦
WB3	我能感受到他人的爱情,亲密度和同感	①	②	③	④	⑤	⑥	⑦
WB4	我觉得人际关系是相互的	①	②	③	④	⑤	⑥	⑦
WB5	我有很强的决断力和独立性	①	②	③	④	⑤	⑥	⑦
WB6	我能抵抗带有刻板印象的社会压力	①	②	③	④	⑤	⑥	⑦
WB7	我能通过内部激励来控制我的行为	①	②	③	④	⑤	⑥	⑦
WB8	我根据自己的标准来评估自己	①	②	③	④	⑤	⑥	⑦
WB9	我认为自己有管理周边环境的能力	①	②	③	④	⑤	⑥	⑦
WB10	未能很好地调解复杂的外部活动计划	①	②	③	④	⑤	⑥	⑦
WB11	我能有效利用周围的机会	①	②	③	④	⑤	⑥	⑦
WB12	我认为不管是过去还是现在的生活,都有其意义	①	②	③	④	⑤	⑥	⑦
WB13	我拥有对生活的方向和信念	①	②	③	④	⑤	⑥	⑦
WB14	我有生活目标和目的	①	②	③	④	⑤	⑥	⑦
WB15	我认为自己有持续成长	①	②	③	④	⑤	⑥	⑦
WB16	我认为自己成长了很多	①	②	③	④	⑤	⑥	⑦
WB17	对新的经验,我的想法比较开放	①	②	③	④	⑤	⑥	⑦
WB18	我有必须要做到的意志	①	②	③	④	⑤	⑥	⑦
WB19	我努力使自己发挥出潜在力	①	②	③	④	⑤	⑥	⑦
WB20	我努力使自己变为能理解和活用自己的人	①	②	③	④	⑤	⑥	⑦